JN278405

健康ライブラリー　イラスト版

AD/HD、LDがある子どもを育てる本

杉並区立中瀬中学校教諭
通級指導学級「中瀬学級」担任
月森久江［監修］

講談社

まえがき

平成一三年におこなわれた文部科学省の全国調査結果では、通常学級で学んでいる子どもたちのなかで、ＡＤ／ＨＤ（注意欠陥《ちゅういけっかん》／多動性障《たどうせいしょう》害《がい》）、ＬＤ（学習障害《がくしゅうしょうがい》）、高機能自閉症《こうきのうじへいしょう》など特別な教育的支援を必要とする児童生徒の割合が、六・三パーセントでした。この数字は、四〇人学級では二～三人、三五人学級では一～二人程度という割合です。こうした子どもたちは、いままで「ボーッとしていて学習に取り組まない」「しつけが悪い」「甘やかされている」「自分の行動を自覚できない」など、手がかかると思われていた子どもたちです。

平成一九年、全国で特別支援教育が実施され、支援の手が差しのべられたとはいえ、声かけだけでは子どもの成長につながりません。ＡＤ／ＨＤやＬＤがある子どもたちへの対応は、まだまだ遅れているといっても過言ではありません。

本書は、子どもの視点から行動や心情を解説することで、より理解を深めてもらえるように構成しました。子どもの側にたった視点によって、いままで見えなかった「子どもの姿」を浮き彫りにしました。さらに、イラストをふんだんに使って、的確な対応や支援策を講じるためのヒントをわかりやすく、イメージしやすくしています。教育関係者、専門機関、保護者、民間の指導者の方が具体的な支援方法を知るために、またさまざまな研修などにも、幅広く活用できるような構成になっています。

さまざまな立場の方々が、ひとりの子どもを取り巻く理解者として、「サポート共同体」といえるような連携がとれたら、すばらしいことです。それは、日々の活動のなかで一人ひとりの子どものニーズにあった支援や配慮《はいりょ》を、それぞれの場で実現することなのです。自分の置かれた立場で自分ができることから取り組んでいくために、本書を活用していただけたら幸いです。

杉並区立中瀬中学校教諭
通級指導学級「中瀬学級」担任
月森 久江

AD/HD、LDがある子どもを育てる本

もくじ

2 学校には学ぶチャンスがあふれている

＊行頭の「A」や「L」のマークは、それぞれ「AD/HD」、「LD」の略です。
AD/HD、LDのどちらに多い問題かを示しています。

育て方が悪い、努力が足りない わけじゃない

AD/HDやLDがある子どもたちにとって、「みんなと同じようにする」のは簡単ではありません。それは、育て方や努力の問題ではなく、子どもがかかえる障害ゆえのことです。

AD/HDがあるAくんの場合

落ち着きがなく、いつも活発に動き回っているAくん。勉強しなければならない時間でも、いろいろなものに気が散ってしまいます。体がいつも動いていたり、立ち歩いたりして、なかなか授業に集中できません。

親はしつけはきちんとしているのに……

授業中も歩き回り、先生に叱られてばかりのAD/HDがある子どもたち。その原因は、親のしつけが悪いからではありません（10〜11ページ参照）。

廊下の音に思わず
反応してしまう

LDがあるBくんの場合

国語のなかでも、とくに書き取りが苦手なBくん。読むことはちゃんとできるのですが、漢字を書こうとすると線や点がごちゃごちゃになってわからなくなってしまいます。黒板に字が書いてあっても、ノートに正確に書き写せません。

本人は一生懸命勉強しているのに……

やる気はあってがんばっているのになかなか学校の勉強についていけない、極端に不得意な教科が目立つなどという状態は、LDが疑われます（12～13ページ参照）。

漢字の練習をがんばっても、うまく書けない
しろぐみ
つめたい
画数の多い漢字をよく間違えるんだ

母親が責められてしまいがち

ＡＤ／ＨＤやＬＤなどの障害がある子どもたちは、「なんで、みんなと同じようにできないの？」といった目でみられがちです。「育て方が悪い」「しつけがなっていない」「愛情や努力が足りない」と、母親に非難が集中してしまうこともあります。じつは、原因はもっと別のところにあるのです。

家族の協力が得られないことも

子どもに障害があるとは思えない、という家族も少なくありません。「自分も小さい頃は同じようだった」「問題を大きくしすぎ」と、子どものつまずきを認めようとしない場合もあります。

授業中は落ち着きがないが、
運動神経は抜群

できたこと、得意なことはほめる

子どもと接するうえで大切なことは、できないことばかりに注目するのではなく、なにができるかをみることです。失敗ばかりの子どもにとっては、できたことをほめられる経験が必要です。

学習面でのつまずきがみられるが、
絵を描くことは大好き

子どもも困っていることを理解する

ＡＤ／ＨＤやＬＤがある子どもたちの行動や状態は、脳の情報処理システムにつまずきがあるために起こるものです。子ども自身も困っていることを、周囲の人は、しっかり認識しておきましょう。

ただ原因を知るだけでは本当に役立つ支援に結びつきません。子どもの得意なことを伸ばしながら、一人ひとりにあった支援の方法をみつけることが大切です。

子どもをみて、支援の手がかりをさがす

子どもにとって本当に役立つ支援は、子どもによって違います。なにが支援の手がかりになるか、一人ひとりのようすをよくみていくことが必要です。

1

子どもの訴え「ぼく、困ってるんだ」

落ち着きなく動き回る子、何度説明しても学習の理解が進まない子
——彼らは学校生活で「困った子」とみなされてしまいがち。
でも本当に困っているのは、子どもたち自身です。
「困った子」は、どうすればうまくいくのかわからず、
「自分はダメだ」という思いでいっぱいの「困っている子」なのです。

AD/HD

外の風景、廊下の音、すべてに気が散る

AD/HDは発達障害のひとつ。脳の一部の機能不全が原因で、年齢相応の行動が身につきにくいため、不適応行動が目立つ状態です。「問題児」とみられてしまうこともあります。

AD/HD＝Attention-Deficit / Hyperactivity Disorder
（注意欠陥/多動性障害）

3つの主な特徴

AD/HDには3つの特徴的な症状があり、それらが絡みあい、問題行動として現れます。どの面が強く現れるかは、人によって、あるいは年齢によって少し違います。

特徴1 不注意

集中力が持続せず、すぐに気が散ってしまうために、人の話を聞いていられない。忘れものが多い、ものをよくなくす、最後までなにかをやりとおすことができない、といったことが目立つ

特徴2 多動性

目に入ったもの、耳に入った物音など周囲の刺激に反応しやすい。静かにじっとしていなければならない状況でも、つい体が動いてしまったり、ひとりでしゃべったり、落ち着きがない

特徴3 衝動性《しょうどうせい》

結果を考えないまま、行動に出てしまう。順番を守らずに割り込む、人の話をさえぎってしゃべりだす、思いどおりにいかないとすぐ怒るなど、まわりが困惑するような行動をとる

手もあげずにさされる前に答えてしまう

「集中しよう」と思ってもどうしてもできない

ＡＤ／ＨＤがある子どもたちは、「授業中は席につく」「忘れものをしない」といった決まりごとを、理解していないわけではありません。けれど、気になることがあると体や口が動いてしまったり、ぼんやりしてしまったりします。

自分では集中して課題に取り組もうと一生懸命ですが、どうしてもうまくいきません。周囲の適切な支援を必要としています。

衝動をコントロールしたり注意力を持続させるのが苦手

本人はわざと悪ふざけしようとしているわけではありません。しかし、周囲からは「困った子ども」と思われ、浮き上がってしまいがちです。

自分の行動をうまくコントロールできない

やらなければならないことがあっても、それに集中できない。別のことに気をとられて反応してしまい、自分で自分の行動が制御《せいぎょ》できずにいる

その場にふさわしくない行動をとる

集団のなかで期待される行動がとれない。落ち着きなく動き回ったり、なにかしたいと思い立つとまわりの状況を省《かえり》みずに行動してしまったりする

仲間づくりがうまくできない

周囲の非難を浴びたり、叱責を受けたりすることが多くなる。集団に溶け込めず、孤立しがち

授業に集中できず、気が散ってしまう

AD/HDについてよりくわしく知りたい方は、健康ライブラリーイラスト版
『AD/HD（注意欠陥/多動性障害）のすべてがわかる本』（市川宏伸監修）をご覧ください

LD

算数や国語が苦手で取り組めない

全般的な知的能力は低くないのに簡単な計算ができない、漢字が読めないなど、極端に学習が困難な子どもたちがいます。ＬＤ（学習障害）とよばれる、発達障害の影響です。

学習の6つの能力

学ぶ対象がなんであれ、学習のためには6つの基本的な能力が必要です。LDがある子どもは、この基本的な機能のいずれかが極端に働かないため、学習を進めることが難しいのです。

具体的な支援方法を考えるときには、6つの能力を参考にして、子どものつまずきを広範囲の視点からとらえる

聞く 言葉による指示を理解することが苦手。話の流れについていけず、話しあいに加われない

話す 適切な言葉が出てこない。スムーズに話せない。ほかの人にわかるように順序立てて説明できない

推論する 事実やわかっていることから結論を導いたり、自分なりに仮説を立てたりすることが苦手。表やグラフの意味を理解するのも困難

読む 文章をうまく読めない。文字や行をとばしたり、漢字を間違って読んだりする。話の流れや内容を読み取ることも苦手

書く 文字を正確に書くことが苦手。マス目にあわせて書けない。促音《そくおん》や拗音《ようおん》（「っ」「ゃ」など）を正しく使えない

計算する 単純な足し算や引き算も指を使わないとできない。くり上がりやくり下がりがあるとわからなくなる

ここでルールを守らないとみんなに迷惑がかかると推論することが苦手

LDは「Learning Disabilities」の略です（教育的定義による）

学習する能力が十分に発揮されない

LDがある子どもたちは、脳の働きにかたよりがあり、極端な学びにくさをかかえています。苦手な部分は一人ひとり違いますが、読み書きなど、基礎的な分野につまずきがあると、学習全体に影響してしまうこともあります。

しかし、周囲の大人が子どもにあった学び方をみつけて、ていねいに教えていけば、学習する能力を発揮できるようになります。

周囲に理解されづらい

LDがある子どもたちは、得意な教科の習得については、あまり問題が生じません。そのために、周囲の人たちはかえって障害を理解しにくくなってしまうことがあります。

「できるはず」と努力を求めすぎると、無理強いさせることになる

問題なくできる部分がある

計算だけが苦手という場合は、国語や社会など、計算を必要としない教科はよくできるということもある

どんなに学習しても苦手な部分がある

苦手な部分については、いくら本人ががんばっても理解が進まず、なかなか成績があがらない

誤解される

「嫌いな教科だからと怠《なま》けている」「できるのにやろうとしない」という誤解を受けやすくなる

やる気をなくす

がんばってもわからない、どうせできないから勉強なんてしたくないと、しだいにやる気を失っていく場合がある

なぜ特定の教科だけこれほどできないのか、本人もわからず苦しんでいる

LDについてよりくわしく知りたい方は、健康ライブラリーイラスト版『LD（学習障害）のすべてがわかる本』（上野一彦監修）をご覧ください

原因

どの子もさぼっているわけではない

AD／HDやLDは、全般的な知能の遅れがみられないだけに、障害として認知されにくい面があります。努力だけでは克服できないことを、周囲の人は知っておきましょう。

原因ははっきりわかっていない

AD/HDやLDは、脳の一部の機能不全によって生じるもの。その原因については、いくつかの説が唱えられていますが、はっきりとしているわけではありません。

遺伝的な問題?

親子やきょうだいが、ともにAD/HDをかかえている例もあることから、遺伝的な要素が関与する「家族性」があるといわれている。ただ遺伝的な要素があるからといって、かならずしも発症するわけではない

脳内の神経伝達物質が原因?

脳には膨大な数の神経細胞がある。脳に伝わった情報は、細胞どうしがドーパミンなどの神経伝達物質をやりとりして、処理されている。この神経伝達物質のやりとりに、問題が生じているとする説も有力

脳の前頭前野《ぜんとうぜんや》の働きに原因がある?

おでこの裏のあたりにある脳の前頭前野は、脳全体の働きを制御するところ。計画を立てる、感情をコントロールするなど、理性を司《つかさど》る。その前頭前野の働きに問題があるとする説もある

注意集中、衝動抑制、情報処理といった脳の働きが、うまく機能していない

「忘れないようにしよう」としても、忘れてしまう

大人と安定した関係を築けないことも背景に

子どもが引き起こす問題にふり回されているうちに、まわりの大人が疲れきって、必要以上に子どもにつらくあたることが少なくありません。

大人と安定した関係を築けない子どもは自己肯定感をもてず、さらに症状を強めてしまうおそれがあります。

勉強にも身が入らない

子どもが悪いわけではない

AD/HDやLDがある子どもたちが「できないこと」をかかえてしまうのは、努力不足が原因ではありません。叱《しつ》咤《た》激励《げきれい》するだけでは、改善の糸口はみつからないのです。

悪循環

できないことがたくさんある

勉強についていけない、友だちとのつきあいがうまくいかないなど、なんとかしたいと思ってもうまくできないことをかかえている

さぼっていると思われる

一見、障害があるようにはみえないため、本人のわがままのようにみえて、まわりの人に誤解されてしまうことも多い

やる気を失ってしまう

叱られてばかりで、がんばろうと思ってもうまくいかないことが続くと、しだいに「どうせやってもダメ」とやる気を失っていく

脳の中枢《ちゅうすう》神経が原因といわれている

AD／HDやLDは、ともに脳の働きの一部がうまくいっていないために起こるものと考えられています。さまざまな「できないこと」をかかえてしまうのは、脳の働きを司る中枢神経に問題があるからで、努力しなかった結果というわけではないのです。

ただし、どこにどんな問題があるのか、障害の明確な原因はまだわかっていません。

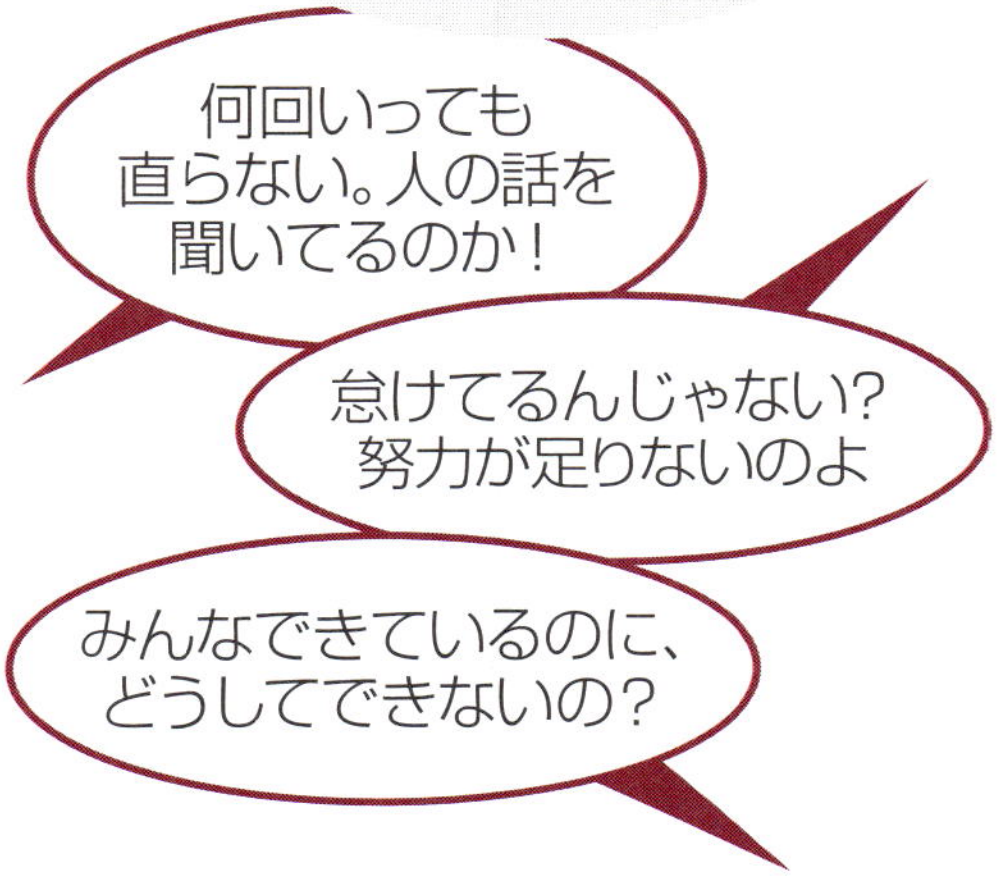
何回いっても直らない。人の話を聞いてるのか！
怠けてるんじゃない？努力が足りないのよ
みんなできているのに、どうしてできないの？

対応

「できた！」の思いが自尊感情を育てる

できない、叱られる、という悪循環にはまると、子どもは悲観的になってしまいます。問題を複雑にしないために、自尊心を回復させる手立てが必要です。

自分でできたことが自信になる

「自分の力でできた！」という思いをもつことで、子どもは自信を取り戻していきます。まわりの大人は、子どもが自力でやりとげる体験を積めるように工夫していきましょう。

前に進むのは本人の力

自信をもつことで、子どものなかに「やる気」が生まれ、自分の力でできることを増やしていける

グループでの作業も、自分でうまくできたと感じられることが大切

ゴールは社会での自立

子どもが社会のなかで自立できるようにするのが支援の最大の目的。「ようすをみましょう」という配慮は、子どもを育てることにならない

全人格的な支援を

苦手なことの克服といったひとつの目標にとらわれず、子どもが自分の存在を肯定的にとらえられるように、総合的に支援していく

保護者や教師は縁の下の力もち

どこにつまずきがあるのかを見定めて、ステップを踏んでいけるようにお膳立てするのが、まわりの大人の役割。手取り足取り世話を焼くのではなく、進むべき道を整備していく

支援によって改善する部分がある

障害の現れ方は、年齢とともに変化するのが一般的です。いま問題になっていることでも、支援のしかた次第で改善する場合もあります。

勉強に興味がわかず、まわりの子にちょっかいをだす

幼児期

多動が目立ちはじめる

AD/HDの場合、はいはいやよちよち歩きをする頃からあちこち動き回り、活発さが目立つ。LDの場合、症状はまだ目立たない

学童期

学習面のつまずきも目立ちはじめる

規律ある集団行動が望まれるため、多動や衝動性が目立ち、周囲と衝突しがち。LDの場合は、勉強が難しくなってくる小学校3年生頃から顕在《けんざい》化してくる

思春期

目にみえる多動､衝動性は少なくなる

勝手に動き回ることなどは少なくなっていく。しかし、学習面での課題は残りやすい。LDがある子は、とくに英語学習が困難な傾向が強い

成人期

不注意、集中困難は残りやすい

注意力の欠如、学習面でのつまずきは改善されないままのこともある。課題が残ってもパソコンや計算機などの道具を使えば補えることも多い

自分の力で成長していくように

子どもが成長していく力は、子ども自身のなかにあります。年齢を重ねるうちに改善していく点があるのは、その現れです。

AD/HDやLDがある子どもに対する支援の目的は、ただルールや学習内容を教え込むというだけではありません。子ども自身がもつ力を育てることで、自分の力で成長していけるようにするのです。

対応

支援する環境を整えて、二次的な問題を防ぐ

ＡＤ／ＨＤやＬＤがある子どもたちは、学業不振や周囲との関係で、生きづらさをかかえることがあります。しかし、きちんと対応を重ねていけば、さまざまな二次的な問題は防げます。

まわりの人の接し方で子どもは変わる

子どもは、自分を取り巻く環境に大きく影響されます。親をはじめとする大人も環境の一部です。まわりの大人の接し方が、子どもを大きく変えるのです。

学習面、行動面でつまずきがある

○

いま起こっている問題に向きあう

先々起こるかもしれない二次的な問題は、いま直面している問題ではありません。先の心配より子どもの現状に向きあい、いまできることをしていくことが大切です。

「子どものため」を思った厳しい対応

このままではいじめられたり、不登校になったりするのではないかという不安が強いと、「そうなってほしくない」という思いから、厳しく叱ったりすることが多くなりがちです。

×

親の熱心な教育が子どもにはつらいことも

できること、得意なことに目を向ける

子どもが得意とすることのなかに、効果的な支援の手がかりがあります。

子どもが自信を回復する

視覚情報に強い子は、絵などを利用するとよい

ポイント

3つの方法で子どもを支援する

視覚からの情報に強い子、聞いたり話したりすることが得意な子、体を動かすことで体得していく子など、子どもによって理解を得やすい方法は違います。その子にあった方法をみつけることが大切です。

できないことばかりみてしまう

「あれができない」「これもできない」などという否定的な評価をすることが多くなり、子どもは自尊心を低下させていきます。

二次的な問題が起こりやすくなる

対応をあせらない

何度いっても同じことをくり返す子どもを前に、「なんとかしなければ」とあせる気持ちが生まれてくるかもしれません。しかし、「なんでできないの！」と子どもを責め続けるのはさけたい対応です。不登校などの二次的な問題に追い込んでしまうおそれがあります。

対応をあせらず、子どもが自分の力を発揮できる環境を整えていきましょう。一見、遠回りに思えますが、確実な支援の方法です。

通常学級か、ほかの学級も利用するか迷っています

選択の幅は広がってきた

ＡＤ／ＨＤやＬＤがある子どもたちは、知的な障害も身体的な障害もないことから、特別な対応がとられず、必要な支援を受けにくいという実態がありました。

しかし、平成一九年度から特別支援教育が実施され、状況は大きく変わりました。障害がある子どもすべてが、それぞれのニーズにあった支援を受けられるようになってきています。

子どもにあった学習環境を選ぶ

通級指導教室など、通常学級以外の学びの場に対する抵抗感をもつ人は少なくないようです。しかし、子どもの力を伸ばすためには、その子どもにあった学習環境を用意することが大切です。

なにがなんでも通常学級で学ばせようとするのではなく、子どもにあった指導方法で学習できる場はどこなのか、検討してみるとよいでしょう。

小学校・中学校

通常学級
少人数指導、習熟度別指導を導入し、障害のある子どもにも対応している

通級による指導
通常の学級に在籍し授業を受けているが、特別な支援が必要な子どもが週1〜8時間程度通う、特別な支援の場。AD/HD、LDなどの発達障害の子どもも対象

特別支援学級
知的障害や肢体不自由などの障害がある子どもたちが在籍する少人数学級。発達障害がある子どもへの支援もおこなっている

特別支援学校

盲学校、聾《ろう》学校、養護学校など、障害ごとにわけられていた教育機関をまとめたもの。専門性の高い障害児教育の場。小·中学校の求めに応じて助言や援助をおこなう役割も担う

2
学校には学ぶチャンスがあふれている

日々の学習や集団生活で、自分の不得意なことがあらわになると、
子ども本人も周囲も、困惑してしまうかもしれません。
しかし、適切な支援があれば、子どもはつまずきを乗り越えることができます。
なぜつまずいてしまうのか、その背景を理解しながら、
子どもの学ぶ力を伸ばしていきましょう。

学校でのポイント

「どうせできない」とやる気を失っている

みんなと同じようにできない体験は、子どもたちのやる気をそいでしまいます。「どうせできない」というあきらめを「できた！」という喜びに変える支援が求められます。

困っている背景を知る

実際に問題になっていることだけを注視するのではなく、なぜ、そのような問題が起きてくるのか、その背景を探ることで、支援のポイントがみえてきます。

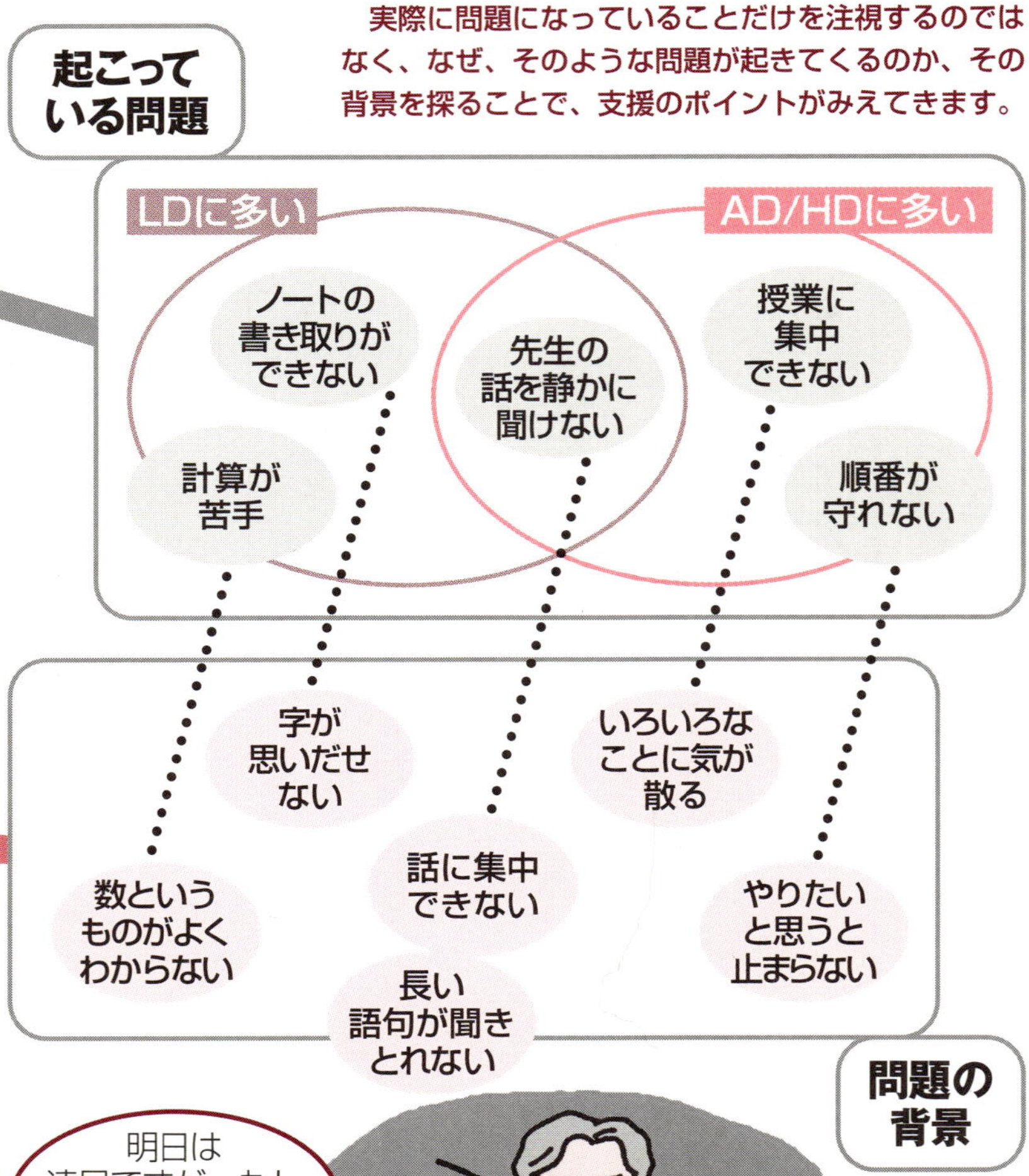
起こっている問題
LDに多い
AD/HDに多い
ノートの書き取りができない
先生の話を静かに聞けない
授業に集中できない
計算が苦手
順番が守れない
字が思いだせない
いろいろなことに気が散る
数というものがよくわからない
話に集中できない
やりたいと思うと止まらない
長い語句が聞きとれない
問題の背景

明日は遠足ですが、もし雨が降った場合には……

言葉だけの指示では正確に伝わらないこともある

大事なことを
話しますから、
こちらをみましょう
雨
集合
時間
○時
晴れ
集合
時間

簡潔な言葉の指示と同時に
絵も使って説明する

叱るだけでは できるようにならない

「それはダメ」「まじめにやりなさい」と叱っても、いったいどうすればよいのか、子どもにはわかりません。やる気をそぎ、投げやりな気持ちにさせてしまいます。

問題の背景を知って接することができるかどうかで、子どもの成長に差がでる

つまずきの 背景を理解する

問題の解決を急ぐのではなく、子どものようすをよくみて、どこでつまずいているのか、なぜつまずいてしまうのかを理解します。

子どもにあった 支援の糸口をつかむ

問題の現れ方は同じようにみえても、つまずきを生む背景によって、支援の方法は違ってきます。それぞれの特性にあわせた手がかりを探っていきます。

大人にほめられることがいちばんうれしい

　みんなと同じようにできない子どもには、環境面での工夫や、弱点を補う練習などの支援が必要です。同時に、子ども自身の自己評価を高め、やる気を引きだすことも大切です。

　そのためには、どんな小さなことでも努力を認め、きちんとほめましょう。ほめられれば、「がんばろう」という意欲がわいてきます。本人の意欲が出るかどうかは、支援のしかたで変わっていきます。

学校でのポイント

チームで支援すれば落ち着いて学習に取り組める

ＡＤ／ＨＤやＬＤがある子どもには、担任の教師だけでなくチームで対応していきます。多くの目を注ぐことで、子どもの特性を理解し、より適切な支援をおこなえるからです。

子どもの情報を集める

問題を起こしやすい状況や、子どもが落ち着いて過ごせる状況などについても情報を集め、子どもとかかわる人たち全体で共有します。

情報を共有する人たち

担任　校長・教頭
養護教諭　専科の教師
当該学年の教師
クラブ活動の担当教師
スクールカウンセラー
特別支援コーディネーター
保護者　など

さまざまな立場の人から3つのポイントをみてもらう

いつ

どんなときに問題が生じるか。問題が起こる前後の状況はどうだったか。どのような場合には問題なく過ごせるのか

だれと

だれといると混乱しやすくなるのか。ひとりでいるときか集団のときか。だれといっしょなら落ち着けるのか

どこで

教室内、廊下など、どこで問題が生じやすいのか。混乱しやすい場所や、落ち着ける好きな場所はあるのか

ひとりで池のそばにいることが好きだとわかっていれば、いなくなったときに探しやすい

身近にある「資源」を活用する

子どもたちを支援するには、担任のほかにも、空き時間の先生が授業の応援にいく、子どもが教室から出てしまったら担任のかわり

教室でできる支援はたくさんある

子どもたちの生活の中心は、まず教室です。ただし、担任の先生ひとりにまかせるのではなく、ほかの教師も含め、チームとして支えていくと支援がしやすくなります。

子どもの特性を理解する

教室の環境を整える

窓ぎわの席はさける、掲示物は少なくする、など落ち着ける環境をつくる

指示や言葉がけ、教材を工夫する

二次的な問題を起こさない、明るいクラスをつくる

チームで支援することで問題が解決しやすくなる

担任教師の負担を減らせると同時に、多くの人がかかわることで子どものいろいろな面がみえてくるため、支援の糸口もみつけやすくなる

に探しにいくなど、人的資源を十分に活用することが大切です。

また、子どもが落ち着ける居場所（保健室や相談室、支援室など）をつくるなど、施設としての資源の活用も考えていきましょう。

AD／HDとLDの両面に支援が必要なことも

AD／HDとLDは、合併することが多くあります。たとえば、字を書くことが苦手な子どもの場合を考えてみます。

AD／HDがある場合には、集中して作業ができないために、細部までていねいに字を書くことができません。一見、LDの書字障害と同じような状態を示しますが、この場合は、集中困難などの背景があります。

一方、LDがある場合には、文字を思いだせない、目でみながら手を動かすことが苦手、などさまざまな背景が考えられます。

同じ「書けない」という状態でも、その背景や原因は人それぞれです。その子の特性にあった、多角的な支援が必要です。

AD/HD　LD

（聞く）

聞くことに集中する練習をする

聴覚に問題はないのに、聞きとりにくさをかかえている子どもがいます。なぜ聞きとることが苦手なのか、背景を知り、つまずきを乗り越えるための支援をおこないます。

聞きとりにくいことの背景

短期記憶につまずきがある

話を聞くときは、耳にした音を記憶する、前後の言葉や自分の知識と照らしあわせて文脈を理解する、などの複雑な作業がおこなわれます。聞いた音を一時的に覚える短期記憶に弱さがあると、長い語句や文章の理解ができなくなります。

そのほかの背景

- 小さい「ゅ」や「っ」などの拗音や促音が聞きとれない
- まわりのざわつきに気が散ってしまう
- 重要な指示や、語句の聞きもらしがある

ちょっとざわざわしているだけで、先生の話し声が聞きとれない

起こりやすい問題

もちものや宿題、テストに関する指示がよくわからず、聞いても忘れてしまう。そのため、忘れものが多くなったり、成績が落ちてしまったりすることもある

意欲的に取り組めるよう楽しんでおこなう

話を聞いて理解するには、まず話に集中する必要があります。聞くことに集中する力をつけるため、ゲームの要素を取り入れて練習しましょう。楽しい課題なら、子どもも「聞きもらさないようにしよう」と、意欲的に取り組めます。

メモをとる、聞きもらしたときには質問をするなど、聞く力を補う習慣をもたせるのも有効です。

＊ページの右上にある「AD/HD」や「LD」のマークは、AD/HD、LDのどちらに多い問題かを示しています。

楽しみながら「聞く力」を養う

ゲーム形式の練習で、楽しみながら聞きとりに必要な集中力をつけていきます。

一時的な短期記憶が弱い子のために

話に注意を集中するために

拗音や促音を正確に聞きとるために

言葉の指示を理解するために

対応例

聞きとりゲーム

先生がカードに書かれた絵や文字の単語を一度だけいう。先生がいった単語を書きとり、みんなで正解の数を競いあう。「一度しかいわない」と子どもに伝えて、集中させる

応用例　言葉にする単語は子どもにあわせて変える。算数が苦手なら数字（「321」など）、理科が苦手なら「けんびきょう」など、現在の学習内容とリンクさせるのもよい

対応例

絵や写真をみながら折り紙を折る

言葉の指示と、手順を示した絵や写真も使って、折り紙を折らせる。折り紙を折るには、言葉の聞きとりだけでなく、内容の理解も求められるので、内容を理解する練習にもなる

しっかり聞いてね

カードをみせる前に、子どもの注意を引く

わかった
5
4
3
2
1
奴《やっこ》さんを折ろう
四つの角をまん中に合わせて折る
できあがり
最後はこうなるよ

楽しんで練習を重ねられる

AD/HD　LD

（話す）

絵や言葉で「いつ」「だれと」「どこで」を示す

いいたいことがあっても、いざ話そうとするとうまく話せなくなってしまう——そんな子どもたちも、ちょっとした手がかりがあれば話しやすくなります。

うまく話せないことの背景

聞くことがうまくできていない

　話すことは聞くことと表裏一体の関係にあります。聞きとりにくさがあるために、話の理解があいまいで、うまく会話が成立しない場合があります。質問に答えられず、語彙《ごい》や表現も増えにくく、うまく話せない一因になります。

そのほかの背景

- 話す内容を頭の中で整理できない
- 文の決まりや助詞の誤りが理解できていない
- 吃音《きつおん》などがあり、話すことに自信をなくしている

どうせバカにされる、と思って、友だちの問いかけにも答えない

起こりやすい問題

友だちの輪に入るのをためらうようになったり、話すことへの苦手意識から、いいたいことがあっても話さなくなったりする

子どもが「話してみよう」と思える対応を心がける

　どんな背景があったとしても、子ども自身の「話したい」という意欲が、うまく話せるようになるための最大の原動力です。「そのいい方は違う」「もう一度！」という注意のしかたは、子どもを萎縮させてしまいます。聞き手となる大人はゆったりとおだやかに対応していきましょう。

ほんの少し手をさし伸べれば話せる

頭の中で話す内容を整理できない、思っていることをいい表せない、などの理由で話すことに苦手意識をもつ子どもは、ちょっとした会話のヒントを示せば話しやすくなります。

話す内容を頭の中でまとめるために

対応例

絵をみて、話す内容をまとめる

「いつ」という時間を表す絵、「だれと」という人を表す絵、「どこで」という場所を表す絵をみながら、話をしていく。ヒントがあたえられることで、頭のなかにある話題を、まとめられる

対応例

場面のカードをみながら話す

お風呂に入っている、食事をしている、勉強をしている、テレビをみている、などの場面を表すカードのなかから、「きのうのできごと」などのテーマに即《そく》したものを選ぶ。そのカードに番号を書き込むことで、話す内容を整理できる

カードが話すことのヒントになる

助詞や構文を正しく使うために

対応例

絵とカードで助詞の使い方を練習する

助詞を適切に使えず、文章の組み立てがうまくできないという場合には、情景の絵と、「で」「に」「を」「は」「が」のカードを使い、正しい言葉の使い方を学んでいく

絵の内容にあてはまる助詞はなにかを考える

吃音などがあり、話すことに自信がないときは？

吃音がある場合は、先生といっしょに音読しながら声をだす練習をします。先生がいっしょに読むことで、安心感が得られます。「さ」が「しゃ」になるなど、正しい発音ができない構音障害には、風船をふくらませる、頬を動かしながらクチュクチュうがいをするなど、口腔《こうくう》機能を鍛えるようにしましょう。

AD/HD　LD

（読む）

ゲームを通じて文字に興味をもたせる

読むのが苦手な子にとって、文字は意味のある内容を伝えるものではなく、わけのわからない記号のようなもの。文字への興味をもたせることが、苦手克服の第一歩です。

読むことが苦手な背景

情報処理のどこかにつまずきがある

文章を読むには、文字の形を判別する、文字を思いだす、目にした文字を音に変換する、言葉を理解するといった、多くの過程を経なければなりません。読むことが苦手な子は、この流れのどこかにつまずきがあると考えられます。

そのほかの背景

- 新しい文字がなかなか覚えられない
- 目で文字を追えず、読み飛ばしや読み違いが多い
- 「る」と「ろ」など似ている文字を間違える

文章の内容を理解していないと、音読もたどたどしい

起こりやすい問題

極端に読書をいやがるようになったり、文章の内容が読み取れず、なにが書いてあるかわからなくなったりする

文字への関心が言葉を覚えるもとになる

文章の内容を理解するには、まず文字や言葉の意味を覚える必要があります。

ひらがなの段階でつまずいてしまう子のなかには、文字への関心が薄く、文字を使ってものの名前が表せることを、きちんと理解していない子がいます。

そうした場合、文字への関心を高める工夫が必要です。

「すいそう」という言葉と実物の水槽が対応していることが実感できる

興味をもてば、どんどん言葉を覚える

読むという作業は、文字を覚え、単語を読み、文章を理解するということのくり返しです。興味をもって理解が進めば、どんどん言葉が広がっていきます。

文字に関心をもつために

対応例

付《ふ》箋《せん》紙を使った言葉探しゲーム

2組にわかれ、1組が教室内のものに、「こくばん」「すいそう」と名前を書いた付箋を貼る。もう1組はあらかじめ「こくばん」「すいそう」と書かれたプリントをもって廊下で待機。教室に入ったら、手元のプリントに書かれているものを探して、付箋をはがしてプリントに貼っていく。ものの名前を覚えるのに有効

応用例　ものの名前は、ひらがなに慣れたらカタカナで、その次には漢字で書くようにする

文章の意味を理解するために

対応例

理解を助ける絵やジェスチャー

ただ文章を読むだけでは意味をつかみにくい場合には、文章に示された内容を絵やジェスチャーで表現する

「イヌがネコを追いかける」などの文章にあわせて、人形劇をみせる

漢字の読みを覚えるために

対応例

漢字カードと読みがなカードの神経衰弱

漢字で書かれた単語のカードと、それぞれの読みがなカードを用意し、トランプの神経衰弱のようなゲームをする。漢字と読み方をマッチングさせて覚える練習になる

学習支援のヒント

◆

文章がうまく読めない子に!

補助シートとプリントの工夫

読むことが苦手な子どもは、一度に目に入る情報が多いと、それだけで読む気をなくしてしまいます。目に入る情報は必要なものだけに絞る工夫が大切です。

補助シートを使って読む

同じ行を読んだり、行を飛ばして読んだりすることが多いのは、目で文字を追うのが苦手で、読んでいるうちにどこを読んでいるのかわからなくなるからです。どこを読めばよいかわかるようにすれば、読みやすくなります。

目立たせる

読んでいる部分だけが強調されるので、ほかに目が向かず、集中できる

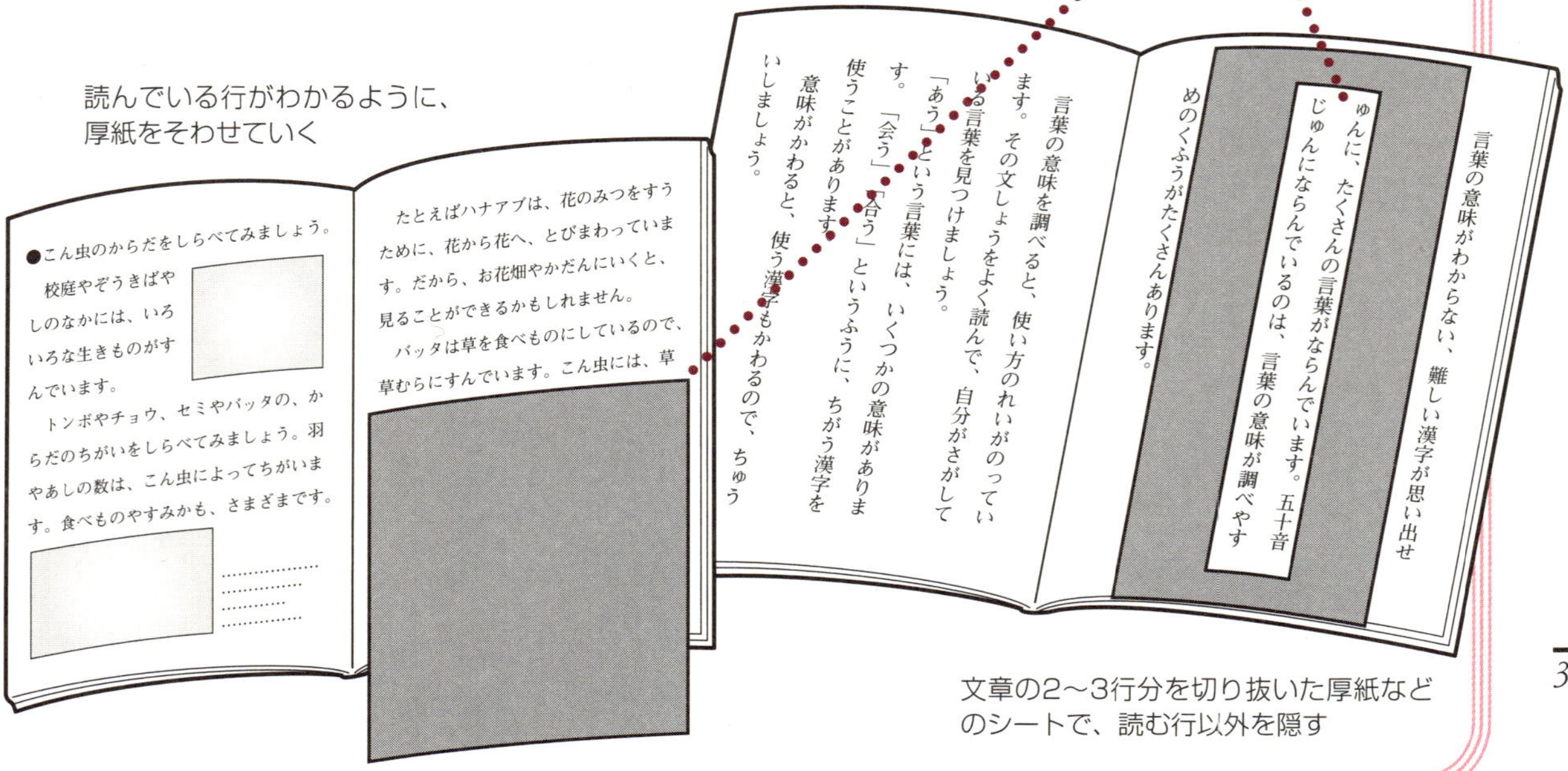

読んでいる行がわかるように、厚紙をそわせていく

文章の2〜3行分を切り抜いた厚紙などのシートで、読む行以外を隠す

読みやすさに配慮したプリントをつくる

読みやすくする工夫として、下記のような方法があげられます。ただ、どのようにすれば読みやすいと感じるかは、子どもによって違いがあります。実際に使いながら確認し、その子にあった方法をみつけていきましょう。

●単語や文節で区切る

言葉の／意味が／わからない、／難しい／漢字が／思い出せない、／という／ときに、／国語じてんが／やく立ちます。

国語じてんには、／「あ」から／「ん」まで、／五十音じゅんに／たくさ

●行の境目をわかりやすくする

言葉の意味がわからない、難しい漢字が思い出せない、というときに、国語じてんがやく立ちます。

国語じてんには、「あ」から「ん」まで、五十音じゅんにたくさんの言葉がならんでいます。五十

●文末や読み間違いやすい単語を目立たせる

言葉の意味が**わからない**、難しい漢字が思い出せ**ない**、**というときに**、**国語じてん**がやく立ちます。

国語じてんには、「あ」から「ん」まで、**五十音じゅん**にたくさんの言葉がならんでい**ます**。五十

●ゴシック体を使い、文字を大きくする

言葉の意味がわからない、難しい漢字が思い出せない、というときに、国語じてんがやく立ちます。

国語じてんには、「あ」から「ん」まで、

AD/HD　LD

（書く）

ゆっくり、あせらせず、正しく書かせる

字は読めるのに、書くのは極端に苦手という子の場合、何度も反復練習を強いるだけでは効果はあがりません。その子にあった学び方を探し、練習させていきましょう。

書くことが苦手な背景

記憶の面か、動作の面でつまずいている

　字をきちんと書くためには、まず字を読めることが前提になります。さらに書こうとする字の構造を細部まで記憶していること、その意味を理解していること、思いどおりに手を動かすことで字が形になります。書くことが苦手な子は、この過程のどこかでつまずいています。

そのほかの背景

- 文字を細部まで認識できていない
- 目からの情報と手の動きが連動しにくい
- 覚えている字をなかなか思いだせない

手と目の協応運動が重要になる

　書くことが苦手な子の多くは、鉛筆のもち方がぎこちなく、指先を巧みに使えません。書くという行為は、視覚的な能力と手先を動かす能力とを協調させてはじめてうまくいくものです。

　いずれパソコンや携帯電話を使うようになるとしても、文字を正しく認識し、適切に使う練習は欠かせません。

文字を構成する点や線が、頭のなかでバラバラになってしまう

起こりやすい問題

問題の答えや作文などがきちんと書けないため、学習内容は理解しているのに、学力が低いとみなされてしまうことがある

厚紙でつくられた文字パーツを並べる

つまずきにあわせた教材で学ぶ

文字の構成がよくわかっていないと、読めても書けないという事態が起こりやすくなります。まずは、文字を正確に認識できるようにすることが大切です。

対応例

カードから単語をつくる

「で」「ふ」「こ」「ば」などと書かれた文字カードをバラバラにおいておき、先生がいった単語に並べ直す（「ふ」「で」「ば」「こ」）。カードをみることで、文字を思いだす手助けにもなる

対応例

文字の組み立てパズルで学ぶ

文字を、線や点などのパーツに分解する。そのパーツを、自分で実際に組み立て、文字をつくることで、文字の形を覚えていく。「たて、よこ、よこ、たてマル」など書き文字歌にしても理解しやすくなる

点や線を正確に把握するために

字の形を思いだすために

書く動作を正確におこなうために

対応例

マスに補助線を引く

文字はわかっていてもバランスのよい形に書けないという場合、偏や、つくりの形や大きさにあわせた補助線があると書きやすくなる

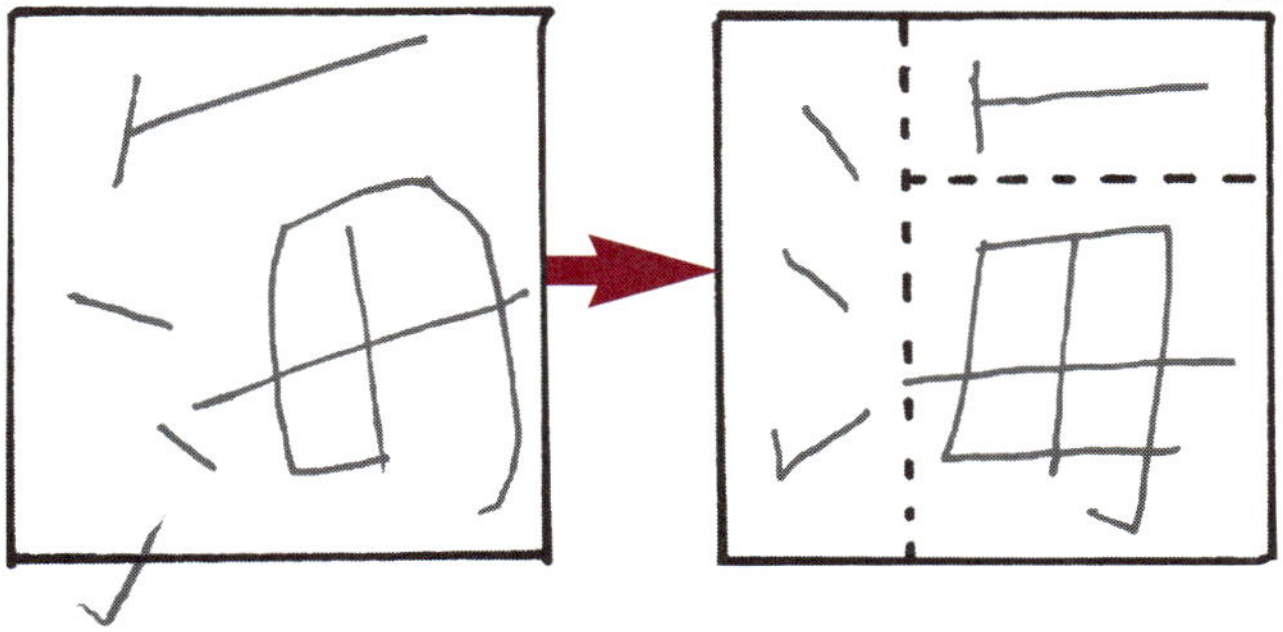

補助線を引くことによって、バランスのよい字が書ける

AD/HD　LD

（計算する）

おはじきや積み木を使い、目でみて数を理解する

算数が極端に苦手な子どもたちは、抽象的な概念《がいねん》を理解するのが困難です。目でみえる具体的なものを操作しながら、数の概念を学ばせていきましょう。

指を使わないと、簡単な計算も答えをだせない

起こりやすい問題

数の計算ができないだけでなく、文章を読みとることが苦手な場合、文章題でなにを聞かれているのかわからなくなる

計算することが苦手な背景

数の概念が理解できない

数そのものは抽象的な概念です。数の概念が理解できていないと、頭の中で数をあやつることができず、具体物がないと計算が難しくなってしまいます。また、「＋、－、×、÷」などの記号の意味を理解することも困難です。

そのほかの背景

- 数を記憶しておくことや、長さや深さといった量的な処理にも難しさがある
- 位取りがわからず、筆算式がきれいに書けない

推論する力がつきにくい

計算が苦手な子は、抽象的なことを考える力につまずきがあるため、いま起きていることから先の見通しを立てること、つまり推論が得意ではありません。

部分から全体を組み立てたり、文章をイメージ化する力の弱さは、算数にかぎらず、学習面全般や、生活面にも影響してしまう場合があります。

5までの数がすぐにわかるようになったら、10まで増やしていく

つまずきにあわせて支援する

数の概念をつかむという基礎的なところからはじめたほうがよい子、文章題が不得意な子など、それぞれのつまずきにあわせて支援していきます。

数の概念を理解するために

対応例

おはじきを使って数を把握する

具体的なものを扱うことで、数の増減をイメージさせる。5くらいまでは、一目で数量を把握できるように練習する。先生の手の平の上にあるおはじきを、一瞬みるだけで数を当てる練習をくり返す

ものを数える力を育てるために

対応例

ものさしを示す

数の並び方が一目でわかるように、数字を順に並べたものさしを黒板の上にかかげたり、机の上においたりする。ものさしをみることで、数の増減が理解しやすくなる

位取り(十進法)を理解するために

対応例

箱を使って位を学ぶ

「1」の箱とその10倍の高さの「10」の箱を用いて、「1」が10個集まると「10」になって位が変わるという十進法のしくみを、視覚的なイメージから理解できるようにする

文章題を理解するために

対応例

キーワードにマーカーを塗る

「全部でいくつ」「ちがいはいくつ」などという、問題のキーワードになる言葉にマーカーを塗り、問われている内容を理解しやすくする

積み木を重ねる操作で、視覚と運動感覚をとおして体得する

学習支援のヒント

◆

方向や図形の特徴がつかめない子に!

言葉の掲示とブロックの使用

算数の図形問題がよく理解できなかったり、上下左右の方向がうまく認識できなかったりする子どもには、空間をイメージする力が育つように支援していきます。

位置や方向を示す

方向と位置の関係がつかみやすくなるように、教室の黒板や教壇、子どもの机などに前後、左右、上下を示す言葉を掲示しておきます。

厚紙を切ったカードに、ペンで「前」などと書いて貼る

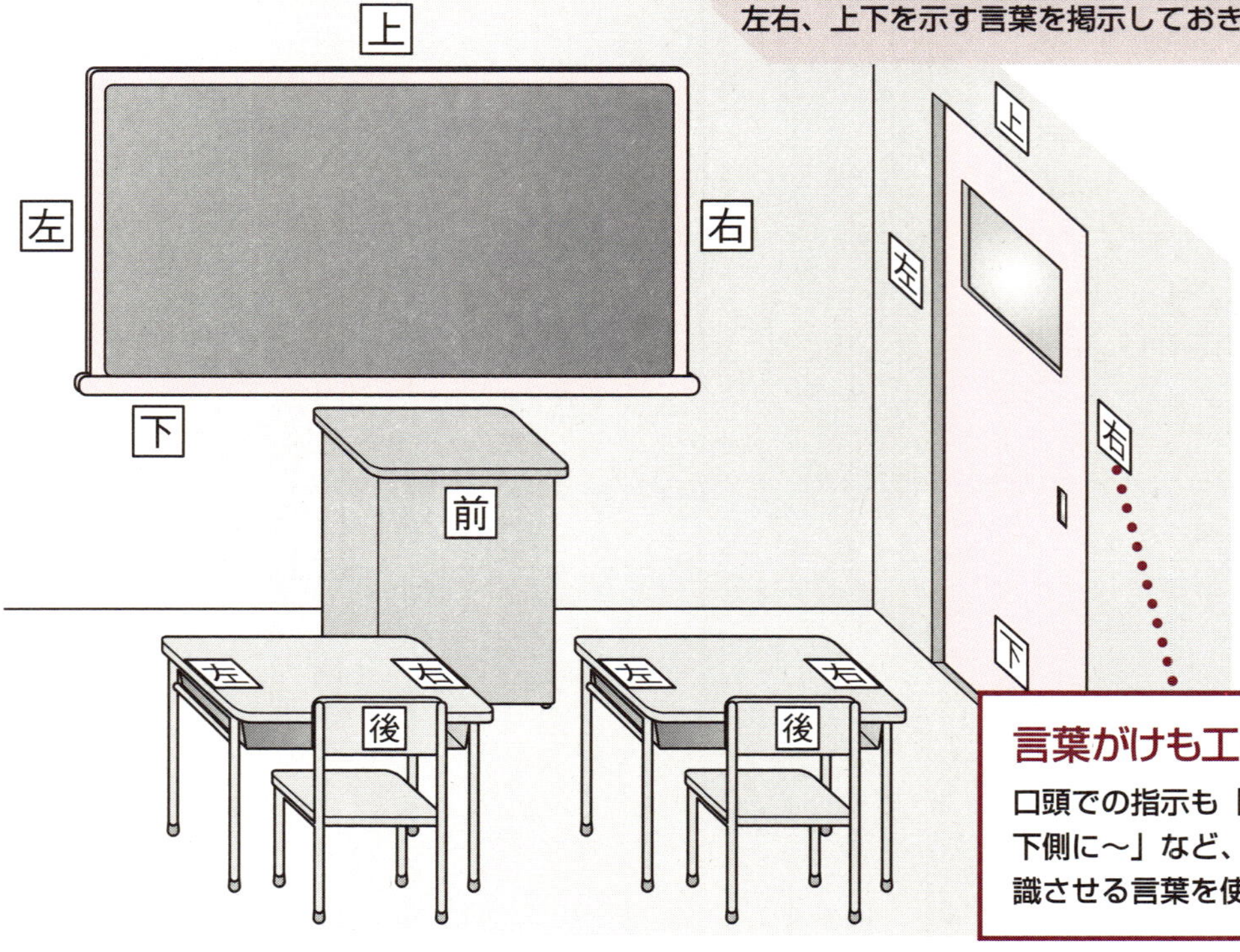

言葉がけも工夫

口頭での指示も「右側の廊下側に～」など、方向を意識させる言葉を使うとよい

立体に触って学ぶ

平面に描かれた立体図形では、イメージがわきにくい子がいます。ブロックや空き箱、積み木などを重ねたり、並べたりしてつくった見本を用意します。その見本と同じように立体を組み立てさせます。

色の違うブロックに接する面や辺の数を数えさせる。また、見本の立体をつくるのに必要なブロックを数えることで、体積を求める学習につなげる

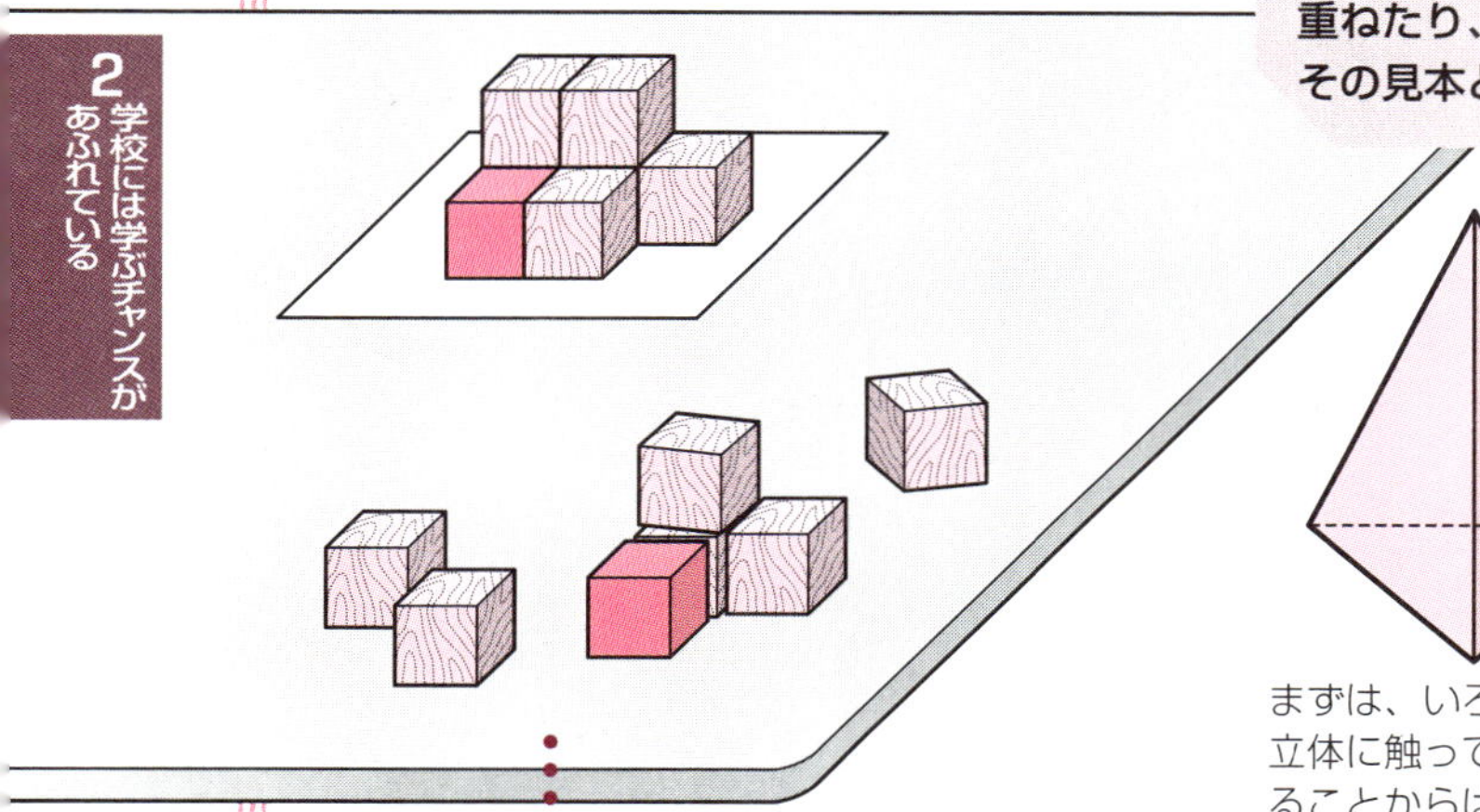

空間イメージをはぐくむ

自分で具体的なものを操作させる。実際に手で触る、目でみる、立体にふれることで、空間イメージをつかみやすくなる

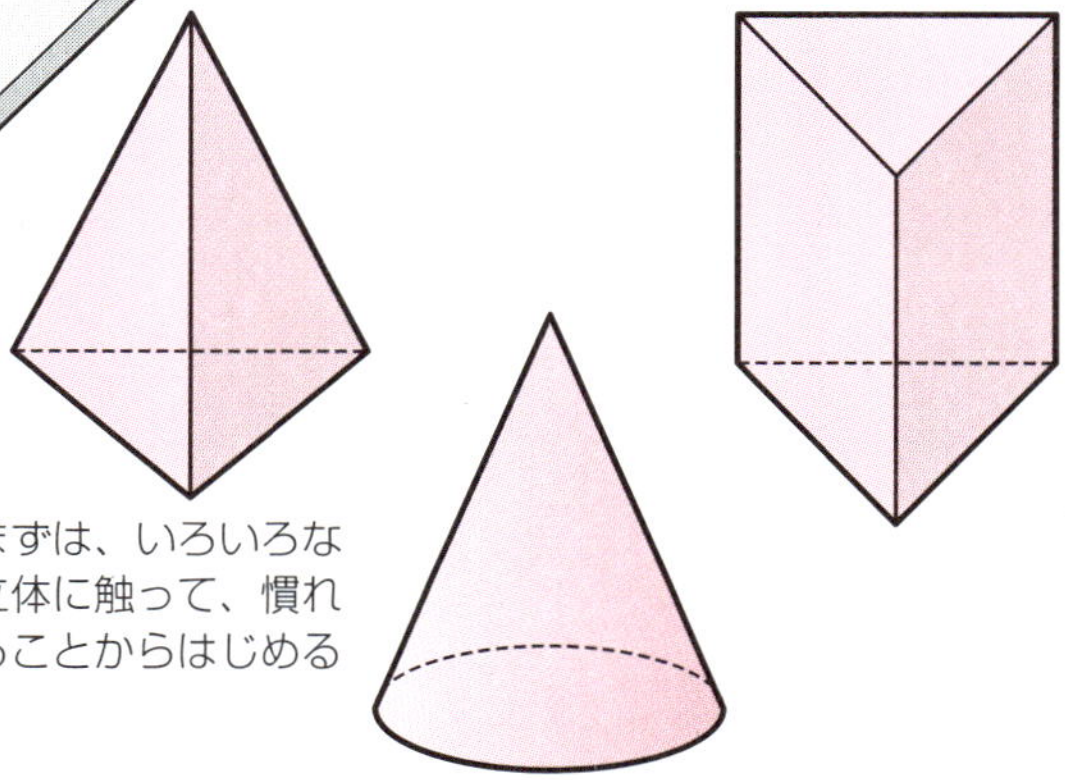

まずは、いろいろな立体に触って、慣れることからはじめる

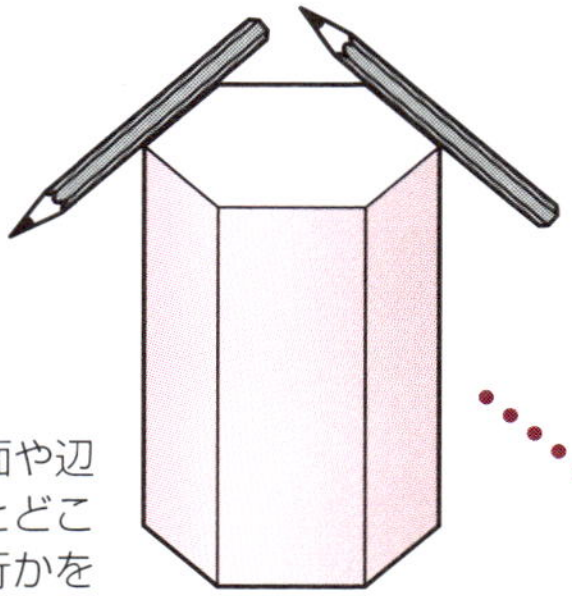

鉛筆や下敷きを面や辺にあわせ、どことどこが交わるか、平行かを確かめることができる

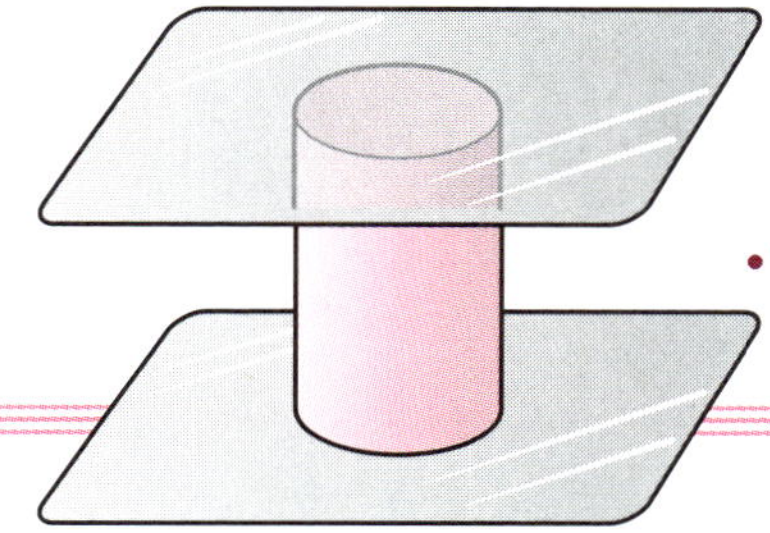

辺と面の関係を理解する

鉛筆や下敷きを利用すれば、辺と面の関係や、平行、垂直、交わるといった関係を理解しやすくなる

AD/HD　LD

（体を動かす）

体育の授業は運動の量と回数に配慮する

AD／HD、LDがある子どものなかには、不器用で運動が苦手という子が少なからずいます。その子ができる範囲から、練習を積ませていきましょう。

起こりやすい問題

体育の授業でみんなの動きについていけず、劣等感をもってしまいがち。友だちといっしょに遊びたがらなくなることもある

体の動きを司る身体意識を育てる

動きがぎくしゃくしていて運動が苦手な子に対しては、自分の体への意識を強めることから取り組みをはじめます。

身体意識は、実際に体を動かしていくことで育ちます。「運動はいやだ」という子でも楽しめるように、全身を大きく使う遊びやゲームを取り入れていきましょう。

なわとびやボール運動などが苦手な場合が多い

運動が苦手な背景

自分の体に対するイメージが弱い

空間イメージをうまくもてない子は、自分の体の部位や動きを意識する力も弱い場合があります。そのため、体をどう動かせばよいのかわからず、ボールをうまく扱えなかったり、新しい運動をなかなか覚えられなかったりするのです。

そのほかの背景

- 自分の手足の左右に対する意識が弱い
- 脳からの命令系統にかたよりがある
- 失敗続きで、心理的な抵抗感がある

がんばればできるレベルの課題をだす

無理にほかの子どもたちと同じようにやらせるのではなく、課題の量やレベルを調整し、成功体験を増やすように心がけます。

右という言葉がわからなくても、色をみれば理解できる

身体意識を育てるために

対応例

体の左右を意識させる旗上げゲーム

赤と白の旗をもち、「右上げて」「左上げて」「右下げる」などの指示で旗を上げ下げするゲームをおこなう。旗の色が違うことで、視覚的な情報からも左右を識別できる

タイミングよく動くために

対応例

リズムにあわせてケン・ケン・パー

体操やダンスに欠かせないリズム感を養うために、手拍子にあわせて「ケン・ケン・パー」と、リズミカルに片足とびと両足着地の動きをくり返す練習が効果的

運動用具を扱うために

対応例

まずはボールに慣れる

ボールを体のまわりで転がすなどして、まずはボールに慣れるようにする。飛んでくるボールを怖がる子もいるので、はじめは風船やビーチボールなどでやってもよい

先生が転がすボールを、受け止める練習からはじめる

人前での運動をいやがるときには?

人前で体操や演技をすることに、強い抵抗を感じる子がいます。「どうせできない」「失敗するのはいや」という気持ちが強いのです。

できるところだけ、あるいは自由な動きでよいなどとして参加をうながします。無理強いする必要はありません。ほかの子と比較せず、できていることを伝え、評価してあげましょう。

AD/HD　LD

（体を動かす）

手先が不器用な子は、迷路や粘土で練習する

極端な不器用さが学習の妨《さまた》げになっている子どもがいます。細かい運動ができるようになるには、さまざまな感覚・運動の機能の発達をうながすような体験を積ませるとよいでしょう。

手先が不器用な背景

作業をていねいにおこなえない

注意・集中につまずきがあるため、ていねいに作業を進めることができません。また、そのために作業が雑になったり、手順や方法を忘れたりすることもあります。

そのほかの背景

- 手の動きと目の働きがうまく結びついていない
- 周囲の状況に動きをあわせることが難しい

はしをうまく使えず、給食の時間に食べ物をこぼしてしまう

起こりやすい問題

はしが使えない、くつひもをうまく結べないなどといった生活面の問題のほか、字を書いたり、絵を描いたりするのが極端に苦手になることもある

器用さが求められる動きはたくさんある

はさみを使う、ボタンをとめる、などは手先の器用さが求められる作業です。不器用な子は思うようにできず、イライラを募らせます。根気よく練習させましょう。

ただ、体全体の運動機能が育っていないと、手先も器用に動かせません。細かい動き（微細《びさい》運動）と同時に、全身を使う運動で体全体の発達もうながします。

慣れたら、手順表をみながら見本をまねてやってみる

楽しみながら感覚を養っていく

「いつかできるようになるだろう」と考えるのではなく、手先を動かす遊びを積極的に取り入れましょう。

指先の感覚を育てるために

対応例
粘土を触る

丸める、のばす、ちぎるといった動作をくり返すことで、指の動かし方や力の入れ方の加減をつかんでいく

文字を書くために

対応例
迷路をなぞる

目でみた情報にそって手を動かす練習に、迷路を活用する。くり返し練習をすることで、字をきれいに書いたり、絵を描いたりするための基礎的な力がつく

工作をするために

対応例
はさみやのりで切り絵をつくる

切る、貼る、描くといった作業をくり返す。はさみを使うときは、切り取り線をマーカーで太く示したり、作業手順を表にしたりして、取り組みやすくする

時間を区切って、集中しておこなう

学校生活での配慮
◆
着替えに時間がかかる子に!

衣服を入れるかごと確認表

着替えに時間がかかって授業に間にあわない、脱いだら脱ぎっぱなし——そんな子どもたちも、少し配慮することで着替えのしかたが身についていきます。

集中できる着替えスペース

集中できないことで着替えが遅くなったり、服をたためなかったりする子がいます。教室の隅や黒板の前などを着替え用のスペースとして確保し、そこで着替えさせるようにしましょう。

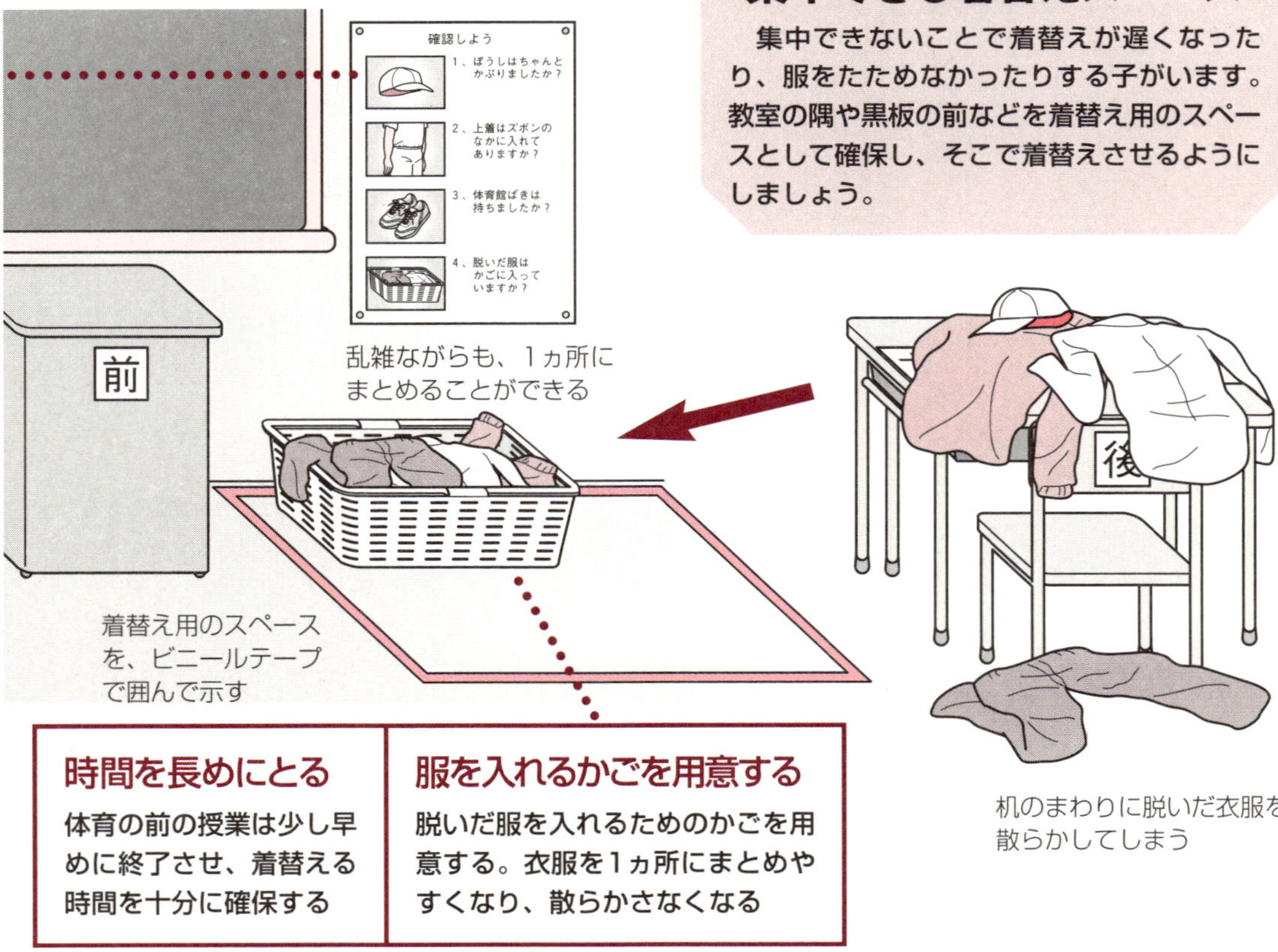

確認しよう
1、ぼうしはちゃんとかぶりましたか?
2、上着はズボンのなかに入れてありますか?
3、体育館ばきは持ちましたか?
4、脱いだ服はかごに入っていますか?
前
後
乱雑ながらも、1ヵ所にまとめることができる
着替え用のスペースを、ビニールテープで囲んで示す
机のまわりに脱いだ衣服を散らかしてしまう

時間を長めにとる

体育の前の授業は少し早めに終了させ、着替える時間を十分に確保する

服を入れるかごを用意する

脱いだ服を入れるためのかごを用意する。衣服を1ヵ所にまとめやすくなり、散らかさなくなる

確認表をみて衣服をチェック

忘れていることはないか、などを確認できるように、わかりやすい確認表をつくっておきましょう。給食の白衣にも応用できます。家でも洗濯物をたたんで練習するとよいでしょう。

着替え終わったら、確認させる

確認しよう
1、ぼうしはちゃんとかぶりましたか？
2、上着はズボンのなかに入れてありますか？
3、体育館ばきは持ちましたか？
4、脱いだ服はかごに入っていますか？

黒板に貼っておく

確認表を黒板や教室の壁に貼っておけば、みんなもみやすく、自分でチェックできる

絵や写真で示す

言葉での説明と絵や写真で示す。完成したところをみせ、具体的なイメージがわくようにする

AD/HD

（学校生活）

授業中に立ち歩く子には仕事をあたえる

授業中、ひとり席を離れてうろうろしたり、急に教室から出て行ったりする子を、無理に着席させようとしてもうまくいきません。別の対応を考えましょう。

体を動かすと落ち着く場合がある

ＡＤ／ＨＤの症状のひとつに多動があります。長い時間、じっとできず、もぞもぞと体を動かしたり、立ち歩いたりします。

そんなとき無理に行動を制しても、集中して学習に取り組める状態にはなりません。少し体を動かせば落ち着くこともあるので、あえて「動いてよい機会」をあたえてみましょう。

起こりやすい問題

自分でも思いどおりに動けない。厳しい叱責を受けるうちに、「どうせ自分はダメ」と自尊心が低下し、二次的な問題につながるおそれがある

授業中、自分の席に座っていられず、歩き回ってしまう

落ち着きがないことの背景

衝動、多動を抑えられない

思いついたらすぐに行動に移ったり、落ち着きなく動き回ったりするのは、AD/HDの特徴のひとつです。LDでも、学習が理解できないことから集中力をなくし、そわそわと動き回ることがあります。

そのほかの背景

- 関心を引きたい
- 授業に興味をもてない

落ち着くために

そわそわしていたら、プリントを配る仕事をあたえる

仕事の例

- 職員室までプリントをとりにいく
- みんなにプリントを配ったり、集めたりする
- 保健室に保健カードをとりにいく
- ノートを集める

できたときに、きちんとほめる

「ほかの子と同じようにできて当然」ととらえると、落ち着きのない子はほめられる機会がありません。よい行動ができたら、それを認めてほめ、「やればできる」と自信をもたせましょう。

対応例

体を動かす仕事をあたえる

無理に動きを抑えようとするのではなく、子どもに用事を頼むようにする。意図的に体を動かせる機会をつくる

対応例

ハンドサインでがまんを覚えさせる

思いつくとすぐ言葉を口にしたり、指される前に答えをいったりする子には、ハンドサインで指示を伝える。「いまはダメだった！」と気づかせていく

人差し指を口にあてたら「静かに聞いて」など、サインを決めておく

学校生活での配慮

突然、教室を飛びだしてしまう子に！

居場所カードと許可カード

いやだと感じることがあったり、気になることがあると、落ち着かなくなる子がいます。無理に教室にいさせるより、行ってもよい場所を決め、そこで落ち着いてから授業に戻らせるとよいでしょう。

行き先を事前に話しあう

教室を飛びだしたくなったときに行く場所を、あらかじめ話しあっておきます。また、飛びだすわけをたずねて、子どもの気持ちを理解することも大切です。

落ち着いているときに、行き先を話しあう

なぜ教室を飛びだしたくなるのかを探る

子どもが訴える理由の例

- できないことを強要された
- 不安が強くなり、耐えられなくなった
- ほしい（やりたい）ことが叶わなかった
- 友だちに悪口をいわれた
- 恥をかかされた
- 仲間はずれにされた

事前の約束や、教室を飛びだす理由を探ることで予防する

約束1

行く場所を守る

「飛びだしたくなったら○○へ行くこと」と約束して、教室を出るときは、そこに行くようにさせる

約束2

学校からは出ない

教室から出ることは許可するが、学校の敷地から出ることは絶対にダメ、ときつくいい聞かせておく

許可の取り方を教える

教室を出たくなったら、先生に許可をもらうことを教えます。居場所カードを使って行き先を示すようにさせたり、許可カードで許可をもらっていることが、担任以外の先生にもわかるようにします。

1. がまんできなくなったら先生にいう

2. 居場所カードを貼る

3. 許可カードをもらって外に出る

4. 落ち着いたら教室に戻る

5. 徐々に条件を守る

- 外に出るのは5分待ってから
- 1日3回まで
- 給食のときは外に出ない　など

戻ってこられたらほめる

無断で飛びだしたのではなく、許可を得たことを評価する。教室に戻ってこられたときも、そのことをほめる

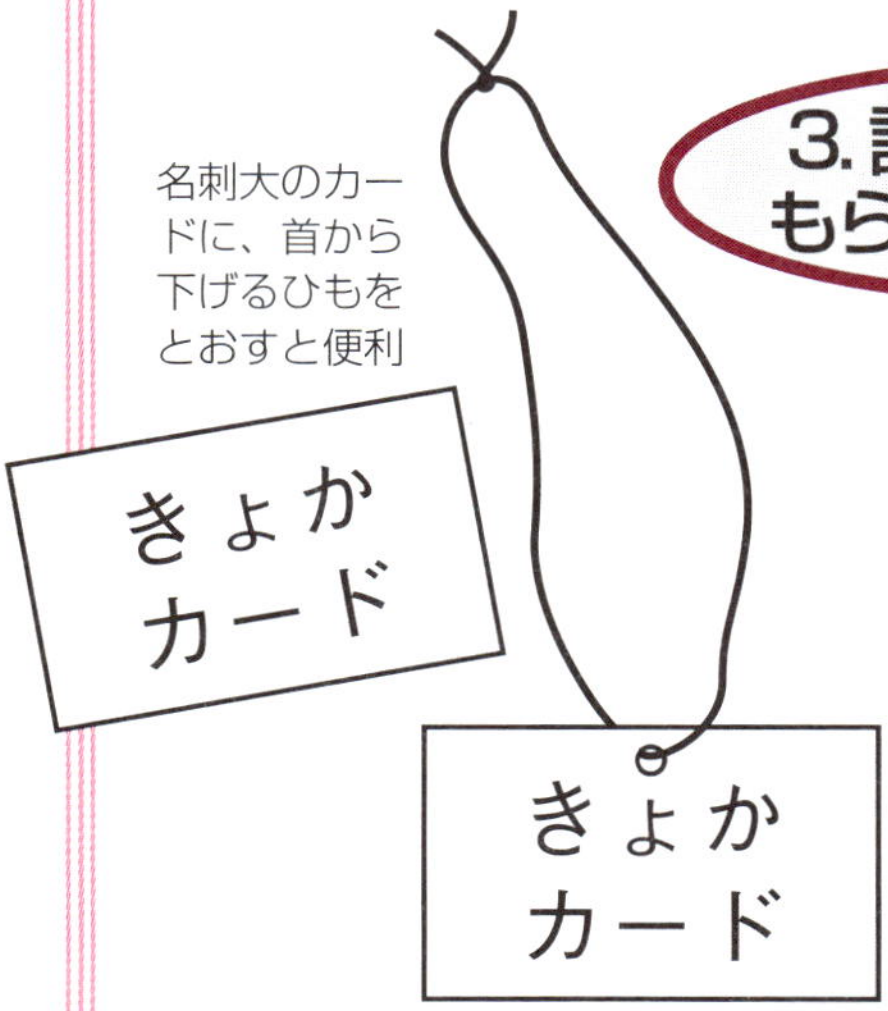
きょかカード
きょかカード

名刺大のカードに、首から下げるひもをとおすと便利

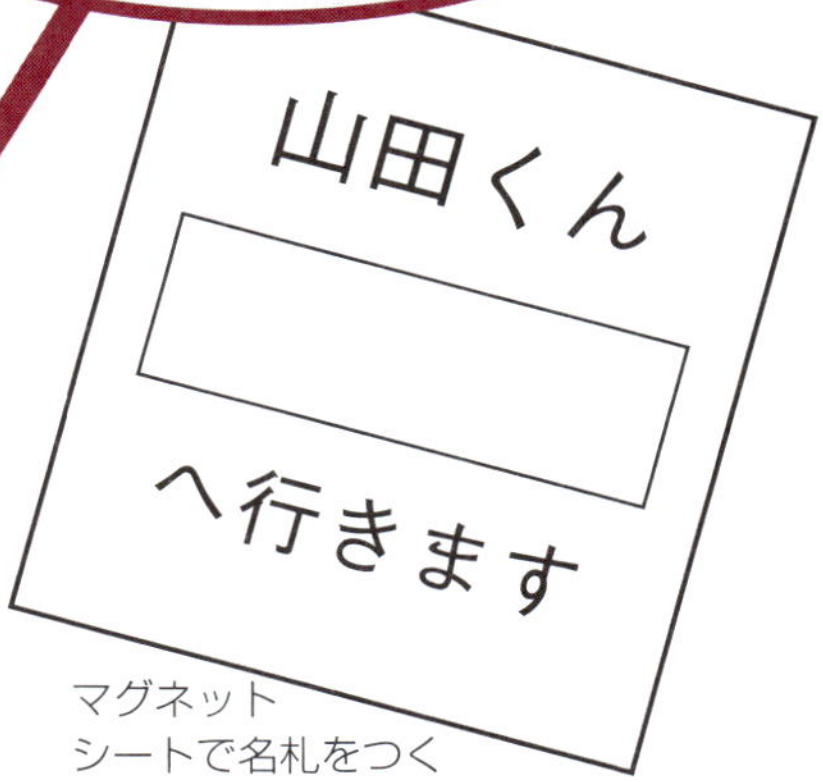
山田くん
へ行きます

マグネットシートで名札をつくり、黒板や机に貼って使う

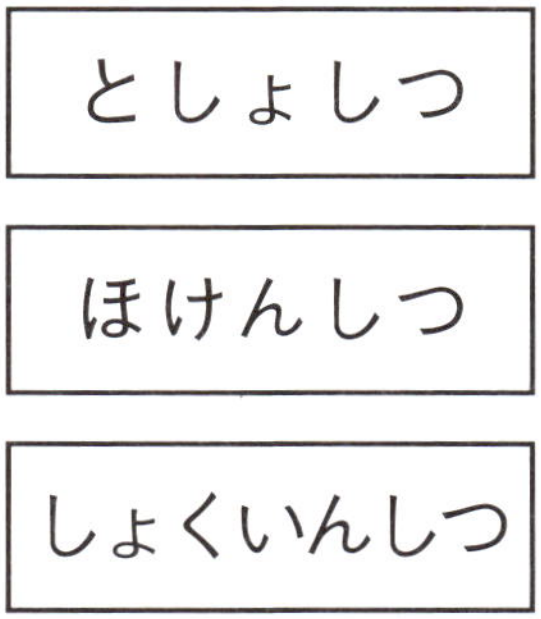
としょしつ
ほけんしつ
しょくいんしつ

行き先を示すカードを数種類用意しておけば、さまざまなケースに対応しやすい

AD/HD

（学校生活）

授業の変更があるときは早めに内容を伝える

予定が急に変わるなど周囲の状況が変化すると、怒ってかんしゃくを起こす子がいます。あらかじめ変更点を伝えておくことが大切です。

起こりやすい問題

状況の変化に即座に応じられず、怒ったり、もとのままがよいと強く自己主張したりして、変化を受け入れられない

変化にともなう戸惑いが抑えきれない

急に予定が変更されたり、いつもと違うことを要求されたりしても、多くの子はさほど苦にせず受け入れられます。

しかしAD／HDがある子は、「いやだ」という思いをがまんできないことがあります。

早い段階でなにがどう変わるのかを示し、落ち着いて変化を受け入れられるようにしましょう。

校庭でサッカーがしたかったのに、とイライラしてしまう

かんしゃくを起こす背景

見通しがもてずにイライラする

状況の変化に対しては、「なにが、いつ、どう変わる」という見通しがもてないと、安心できません。急な状況の変化に、即、感情的に反応してしまうのです。

そのほかの背景

- 前に聞いたことと違う、と受け入れられない
- イライラした感情を抑えることができない
- 自分の興味のあることには過度に集中してしまう

予定の変更にとまどわないために

対応例
時間割表をみやすく掲示しておく

その日の時間割は黒板に掲示し、いつ、なにをするのかみてわかるようにする。文字と絵で視覚的にも理解しやすくなる。取りはずしがしやすいマグネットシートを利用してもよい

対応例
かわりの先生はだれか、事前に知らせる

担任の先生が研修などで不在の場合は、どの先生がかわりに来てくれるのか、あらかじめ伝えておくようにする

変更はあらかじめ伝える

状況の変化を受け入れるには、心の準備が必要です。変更がある場合は、事前にわかりやすく伝えるようにします。

晴れのとき、雨のときの行動予定を、黒板に示しておけば、みんなが確認しやすい

自己主張を抑えるために

対応例
くじに当たったら主張を叶える

子どもたちが順番にくじを引き、当たった子どもの考えや意見を取り上げていく。くじにはずれたらがまんをすることで、主張がかならず叶うものではないことを学ぶ

くじ引きにはずれたら、おとなしくがまんさせる。がまんできたらほめる

AD/HD　LD

（学校生活）

引っ込み思案な子も、事前の対応で学級会や授業に参加できる

失敗続きで自信を失っている子は、自分の意見をいいたがりません。少しずつでも集団での話しあいや活動に参加できるように、さりげなく支援していきましょう。

できることから徐々に参加させる

授業中、いつも目立たないように小さくなっていて、クラスの活動にも消極的な子に対して、ただ自分の意見をいうように強要してもできるものではありません。

まずはイエス・ノーの意思表示だけでよいとするなど、負担のかからない質問から少しずつ、授業や学級活動への参加をうながしていきます。

クラスの活動に参加できない背景

人前で話すことが苦手で自信がない

話すことが苦手な子は、学級会や授業で発言を求められても、なにをいってよいかわかりません。うまく話せなかった、恥をかいたという思いから、人前で話すことに対して不安や緊張が強くなっている場合もあります。

そのほかの背景

- 失敗がいやで、目立たないようにふるまっている
- 吃音があり、すぐに返答できない

人前で話したり、意見をいうことが苦手

起こりやすい問題

多動の子にくらべて、目立たず見落とされがちだが、放っておかれると「自分はダメ」という思いを強める。クラスのなかで、孤立する

前の子のかげになり、目立たないから安心できる

注目しすぎないように注意する

人前での緊張感が強い子は、期待や注目がプレッシャーになります。無理をさせず、できることを本人と相談しながらあと押しします。

クラスの集団活動に参加するために

対応例

席の位置や役割を工夫する

大きな子のかげや目立たない位置に席順を配慮する。学級会では記録係をまかせるなど、自分から発言しなくても参加できるようにするのもよい

対応例

発表や報告はメモをみながらでよい

話す内容は事前に文章にまとめておくように指示する。それを事前に先生がチェックすれば、なお安心感をあたえられる

対応例

自分だけのリラックス方法を決めておく

楽しいことを思い浮かべる、深呼吸をするなど、自分なりに緊張感をほぐす方法を考えておき、いざというときに使う

対応例

事前に音読箇所を伝えておく

授業中に指名するときは、事前に内容を伝え、「明日は○○ページを読んでもらうので、練習しておきましょう」と予告する

発表前の深呼吸で、緊張感をほぐす

AD/HD

（係・当番）

音楽や遊びを取り入れ、楽しみながら仕事をする

係や当番の仕事をさぼっているようにみえても、本当は怠けているわけではなく、どうすればよいのかわからないだけのことがあります。仕事の分担や手順を見直しましょう。

なにをすればよいか わかりやすく示す

係や当番の仕事を途中で放り出し、やりとげられない子に「最後まできちんと」と抽象的な指示をだしても、うまくいきません。

そんなときは、達成すべき課題を細かくわけ、一つひとつ確認しながら作業ができるようにしてみましょう。仕事の分担と手順をわかりやすく伝え、楽しく取り組めるように工夫していきます。

ほうきをふり回して、遊びはじめてしまう

当番の仕事をさぼっていると思われて、信用を失いがち。高学年になると、委員会活動などでも支障が生じてくる

起こりやすい問題

役割をうまくこなせない背景

自分がなにをすればいいのかわからない

自分が仕事をまかされていることや、作業の手順がわかっていないことがあります。その場合、途中でやめたり、はじめから取り組もうとしません。

そのほかの背景

- ほかのことに気が散ってしまい、集中して作業に取り組めない
- 当番や係の活動の大切さがわからず、面倒がる

自分の仕事を意識させる

当番や係の仕事は、一つひとつの作業の積み重ねです。なにをする時間か、なにをやるべきなのかがはっきりわかるようにします。

手順を歌にして口ずさみながら、楽しくそうじに取り組む

そうじが終わったら先生に報告する

作業が全部終わったら、先生に報告し、きちんとできたかどうかチェックしてもらう（56ページ参照）

対応例

音楽にのって楽しくそうじをする

はじまりの歌、そうじの歌、終わりの歌を決めておく。当番の時間であることを明確にすると同時に、軽快なリズムにのって楽しく作業を進められる。

給食当番などにも応用できる

係・当番の役割をこなすために

対応例

係カードを使って役割をチェックする

一つひとつの作業内容をカードにしておき、終わったものは裏返していくようにすれば、自分が分担している仕事がすべてできたかどうか、ひと目でチェックできる

えさをやったらカードを裏返す

学校生活での配慮
◆
作業手順がわからない子に！

評価シールと仕事の工夫

「どうせうまくできない」と面倒がって当番や係の仕事に取り組もうとしなかったり、やろうと思ってもていねいにできなかったりする子には、できることをさせ、ほめて育てていきましょう。

シールやはんこでやる気を引きだす

シールが増えていくのは、子どもにとってうれしいもの。シールをもらえることが、係や当番の仕事をがんばろうというモチベーションを高めます。週末には、クラス全体の前で「おそうじ大賞」として、名前をいってほめます。

やるべきことができたら、シールをあげていく

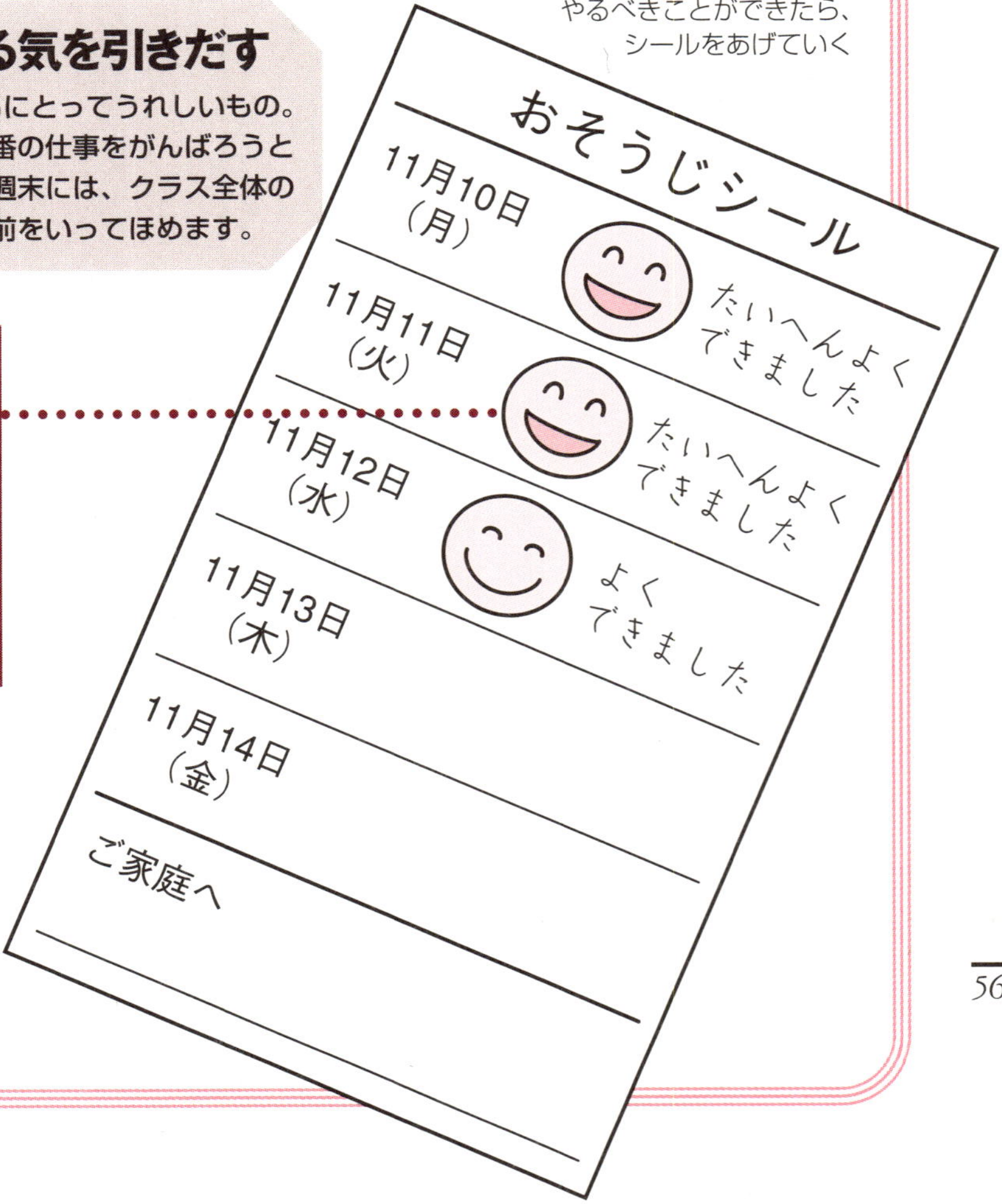
おそうじシール
11月10日（月）
たいへんよくできました
11月11日（火）
たいへんよくできました
11月12日（水）
よくできました
11月13日（木）
11月14日（金）
ご家庭へ

きちんとできたらシールをあげる

まかせた仕事が終わったら、先生がチェックする。きちんとできていれば、シールを渡し、責任感を養う

家でもほめる

家庭でも、子どもができそうなことを手伝わせ、できたらほめることをくり返していく

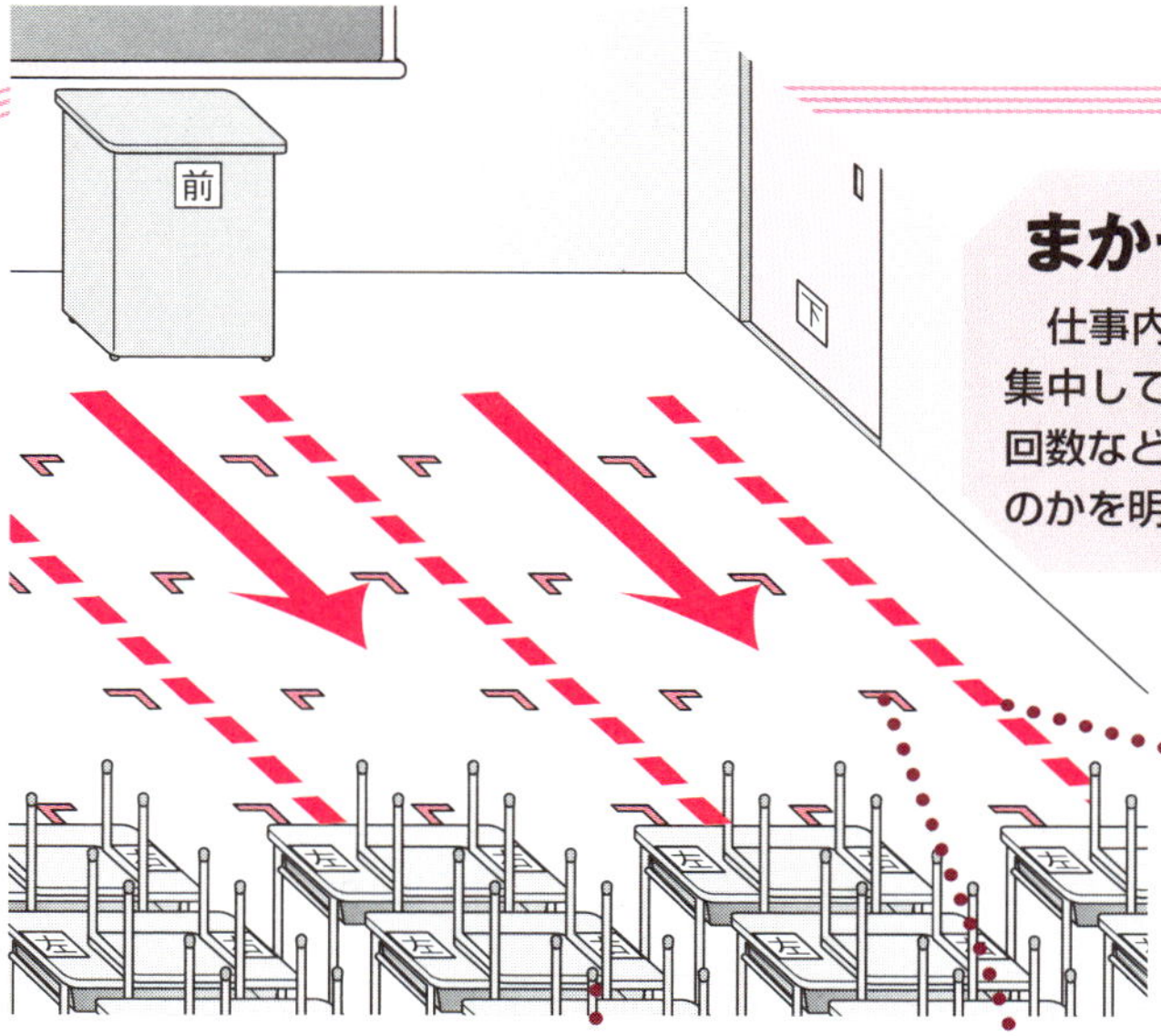
前
下

ほうきではく範囲は、口頭で指示をだせばよい

まかせる仕事をはっきりさせる

仕事内容についての理解が不十分なままでは、集中して取り組めません。作業する時間や場所、回数など、なにをどうするのか、どれくらいするのかを明確に示すようにします。

作業の範囲を狭める

ひとりが受けもつ範囲は、机の幅として、黒板からまっすぐ、ほうきではいたり、ぞうきんで拭いたりする

ビニールテープで位置を示す

机をもとに戻すときの目印になるように、机の脚の位置に小さくビニールテープを貼っておく。ゴミを集める位置も、テープで印をつけておくとよい

やりたがる仕事をまかせる

できそうにないことをやらせると、投げだしてしまう。本人がやりたがることを、できる範囲でやらせる。最後までやりとおす体験が責任感を養う

作業量を示す

作業量がわからないと、イライラしたり、不安感を募らせたりしがち。作業の量や回数、それにかかる時間などを知らせ、見通しをもたせる

おたまの使い方
1、持ち方
2、使い方
3、よそい方

作業の見本を掲示する

目分量で盛りつけるのが難しい子もいる。おたまやしゃもじの使い方を図示する。ごはんやおかずを適量に盛りつけた見本も用意し、それをみながら配膳できるようにする

食器の使い方や、盛りつけ見本をみやすい位置におく

運動会などの行事に ちゃんと参加できるのか心配です

行事はふだん以上に気が散りやすい

運動会や遠足、社会科見学などは、ふだんの授業と違う環境でおこなわれます。目新しいことが多く、ＡＤ／ＨＤがある子どもはいつも以上に気が散りやすく、指示に従うことが難しくなります。

トラブルを防ぐためには事前の準備が大切

運動が苦手なＡＤ／ＨＤやＬＤがある子どもにとって、次々と違う演目をおこなう運動会は、困難の連続といえます。

トラブルなく、みんなが楽しく行事に参加するためには、事前の準備が必要です。できる範囲でリハーサルを重ねて、当日に備えるようにしましょう。

事前に準備できること

運動会の会場下見

- 入場門・退場門の場所を確認しておく
- 応援席で、自分の座る場所を確認しておく
- 当日、困ったときに、どの先生にいえばよいか、事前に相談しておく
- 担任の先生が、どこで仕事をしているか教えておく
- 救護の場所を確認しておく

運動会の演目リハーサル

- いつ、なんの演目をするのか確認しておく
- 途中から参加してもよいことにする
- ダンスや組体操などの動きを簡略化して練習する

家庭での遠足事前学習

- 行き先を地図で確認する
- 集合場所・解散場所と時間を確認する
- しおりをみて、もちものをいっしょに準備する
- もちものには、すべて名前を書く
- 不安が強いときは、家から近いなら、事前にいっしょに行ってみる
- 前夜はゆっくり睡眠をとらせる（入浴する、温かい牛乳を飲む、早めに休むなどが効果的）

3

子ども社会で友だちと仲よく生活する

AD/HDやLDがある子は、その特性ゆえに
周囲の友だちとの関係が悪化してしまうことがあります。
友だちを傷つけることをいったり、
ルールや決まりを守れなかったりするからです。
友だちとよい関係を築くため、友達づきあいのルールを学ばせましょう。

子ども社会でのポイント

友だちづきあいの基本ルールが身についていない

友だちとのあいだでトラブルを起こしてばかりという子も、つきあい方の基本ルールを学ぶことで、友だちとの関係を良好にしていけます。

友だちとのかかわり方が、よくわからない

本人に悪気はなくても、周囲の友だちにとっては受け入れにくい言動をくり返すうちに、友だちとの関係が悪化してしまうことがあります。

問題が起こるさまざまな理由

相手の気持ちを考えずにズバズバものをいっていやがられたり、すぐに手をだしてケンカになったりする。順番を守れない、遊びのルールを理解できない、ルールはわかっても守れないといったことも、トラブルの要因になる

一方的にしゃべり続ける

相手は興味がないようなことでもおかまいなしに話し続け、いやな顔をされても気づかない

話に割り込んで、まわりの反応を気にせず話したいことだけ話す

約束をすっぽかしてしまう

友だちと約束しても、次から次へと関心がうつり、約束を忘れる。すっぽかされた相手との関係は悪化する

約束をすぐに忘れてしまうので、信頼を失いやすい

仲よくする方法は学べる

AD/HD、LDがあるからといって友だちと仲よくできないわけではありません。友だちづきあいを円滑《えんかつ》に運ぶ方法を学べば、よい関係が築けます。

友だちとうまくいかない

学ぶことでうまくやっていける ○

どこに問題があるか、どう修正するかがわかれば、友だちとうまくやっていけるようになる

なんだか困っているみたいだよ。どうしてかな?

先生が相手の表情の意味を言葉にして、伝えてあげる

「その子の性格だから」とあきらめる ×

周囲が「注意してもしかたない」とあきらめてしまうと、本人はなぜうまくいかないのかわからないまま、周囲から孤立していく

人とつきあうためのスキルが未熟

ＡＤ／ＨＤやＬＤがある子は、なかなか良好な友だち関係を結べません。友だちづきあいのルールを体験的に学ぶ機会が少なく、相手の言葉や表情から気持ちを察するスキルが未熟だからです。

さまざまな場面で、行動のしかたを教え、友だちづきあいを円滑に運ぶためのソーシャルスキルを身につけることが必要です。

子ども社会のルールとは?

ソーシャルスキルは、つきあい方の技術です。その基本は、あいさつをする、謝る、お願いをする、お礼をいう、などの社会的な礼儀を身につけることです。

大人たちの社会だけでなく、子ども社会のなかでも、このようなルールは必要になってきます。

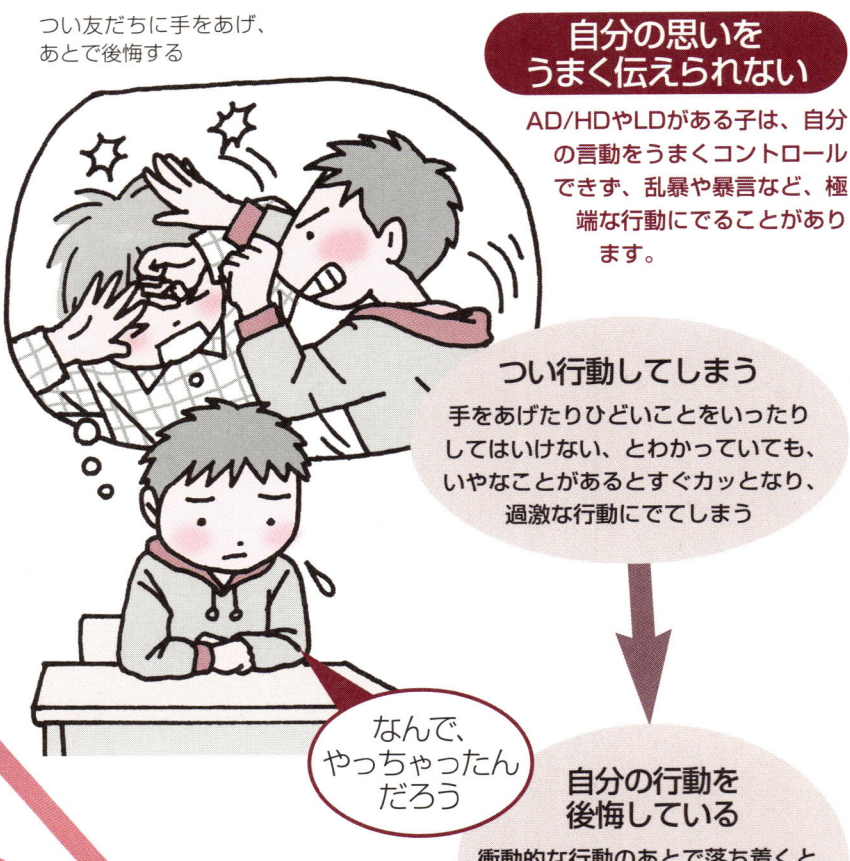

子ども社会でのポイント

失敗を次のつきあいにいかしていく

友だちとトラブルを起こしたあと、自分のしたことを後悔している子も多いのです。後悔だけに終わらせず、失敗を次にいかせるようにサポートしていきましょう。

自分の思いをうまく伝えられない

AD/HDやLDがある子は、自分の言動をうまくコントロールできず、乱暴や暴言など、極端な行動にでることがあります。

つい友だちに手をあげ、あとで後悔する

つい行動してしまう

手をあげたりひどいことをいったりしてはいけない、とわかっていても、いやなことがあるとすぐカッとなり、過激な行動にでてしまう

↓

自分の行動を後悔している

衝動的な行動のあとで落ち着くと、もうやらないと思うが、またカッとなることがあると、乱暴や暴言をくり返す

↓

自尊感情が低下する

「なんでまたやっちゃったんだろう……。自分はダメなやつだな……」

行動をコントロールする方法を学ばせる

どうすれば行動をコントロールできるか、子どもの状態をよくみながら、まわりの大人がいっしょに考える

学習の支援と同様に、「なぜ、わからないの！」と叱るだけでは改善策にならない

先生がロールプレイで
適切な謝り方の見本を
示してあげる

実体験のなかで学んでいく

悔やまないためにはどうしたらよいか、子どもと大人がいっしょに考えていきましょう。それを実生活のなかで使い、友だちとうまくかかわれるようにします。

教師がお手本を示す

なにかトラブルが起きそうなときに、どんなふうにふるまえばよいのか、実際にやってみせたり、コーチ役としてアドバイスしたりする

友だちはどうやっているのかみせる

友だちは、どんなふうにほかの子に接しているのか、よく観察させ、仲よく過ごすための工夫をみつけられるようにする

実際に本人にやらせてみる

さまざまな場面で、自分ならどうするか、どうしたほうがよいのかを考えさせ、実際にやらせてみる

成功体験を増やしてあげる

人とつきあううえで必要な社会性は、「うまくいった」という成功体験をとおして身についていくものです。そのためにも、具体的なスキルを教え、それを使えるように援助していきます。

子どもは友だちがほしい

友だちと仲よくなっても、すぐにもめて関係が長続きしなかったり、孤立してしまったりする子がいます。ひとりで過ごす時間も大切ですが、それだけでは社会性は身につきません。

どんな子も、仲よくつきあえる友だちがほしい、という気持ちを抱いています。どうすればよい関係を築けるのか、具体的な方法を教えていきましょう。

AD/HD　LD

（友だちとの会話）

友だちを傷つけない接し方を学ぶ

「うざい」「バカ」といった暴言は、ケンカの火種になってしまいます。乱暴したり暴言をいったりしないよう、予防的な対処方法を練習する必要があります。

乱暴・暴言が多い

ストレスがたまると、自分の気に入らないこと、いやなことに対して気持ちがおさまらず、乱暴や暴言が多くなります。

本人の気持ち

つい、カッとなっちゃうんだ
「静かにして」っていっただけなのに……

ごくささいなことがきっかけで怒りだす

友だちの気持ち

背景

自分の言動をコントロールできない

AD/HDがある子は、いらだちをそのまま暴言や暴力で表す場合があります。

- ●周囲に注意を向けて行動できない
- ●自分と他人が、同じ考え方（見方）だと思っている
- ●がまんしていることやストレスがたまると、感情が噴出する

人との接し方はいつでも学べる

思いどおりにならないとすぐにカッとしてしまう子は、周囲から孤立しがちです。まわりの人の関心を引こうと、さらに乱暴なふるまいをすることもあります。

こうした状態では、人と接する適切な方法は身につきません。気持ちよく過ごす方法を、具体的に教えていくことが必要です。

仲よくなれる接し方を学ぶ

衝動的な言動は、簡単に抑えられるものではありません。子どもがどんなことでカッとしてしまうかを知り、その誘因を回避していくようにしましょう。

遊んでいる友だちからみえない場所で、ひと息つくとよい

対応例

自分の感情のたかぶりを把握する

「イライラしてきたな」と感じたら、友だちの輪から離れるなど、自分の感情を落ち着かせて、衝動的な行動をとらなくて済むようにする

ケンカや暴力をくり返さないために

対応例

罰によって行動をコントロールする

自分で衝動性を抑えるのは難しいので、「友だちを叩いたら、テレビはみせない」など、罰をあたえることで乱暴や暴言を減らす

罰の例

- ゲームをやらせない
- 宿題を手伝わないで、自分だけでやらせる
- 自分で罰を決めさせる　など

友だちと仲よくするために

対応例

言動をロールプレイで練習する

大人がトラブルの例を演じてみせる。子どもはそれをみて、自分がどうふるまったらよいのかを考え、ロールプレイでやりとりの練習をする

友だちにケガをさせてしまったら

乱暴をしたこと自体に弁解の余地はありません。友だちや保護者に「ケガを負わせて申し訳ない」と、きちんと謝りましょう。いけないことをしたら謝る、ということは学ばせる必要があります。

なかには、親に謝らされているだけの子もいます。「いけないことをした」と本人に自覚させるために、なにがいけなかったのかを理解させていくことが大切です。

生活支援のヒント
◆
相手の状況がよくわからない子に!

友だちの気持ちを学ぶマンガ

まわりの状況や相手の気持ちを察することが苦手なために、自分勝手にみえることがあります。言葉や表情から相手の考えや気持ちを読み取れるように、マンガを使って練習しましょう。

表情に注目させる

感情によって表情はどう変化するか、意識してみるようにうながす

絵をプリントやカードに描いてみせる。うれしい顔、困った顔など、表情に差をつけるとよい

人の気持ちを考える練習をする

言葉や表情には気持ちが表れるものですが、AD/HDやLDがある子どもは、それを読み取ることが苦手です。絵に描かれた場面をみて、表情や状況から、相手の気持ちを理解する練習をします。

気持ちを読み取る

カードに描かれた場面をみて、どんな状況かを考え、全員の気持ちを推察させる

ぼくの席に友だちが座っていたら……

マンガをみせて、どのような状況かを考えさせたり、登場人物の気持ちを質問する

マンガを使って友だちとの接し方を学ぶ

学校でのことや放課後のことなど、日常でよく起こる場面をマンガにします。それをみながら、描かれた場面に適した行動や言葉づかいを学びます。相手の気持ちや状況を話しあい、実際の行動にいかしていきましょう。

4コママンガをみて班で話しあう

マンガに描かれた場面をみて、班で話しあいをする。登場人物の気持ちを吹きだしに記入させ、感じたことを話す

いろいろな感じ方を学ぶ

勝手に自分の席に座られたと怒る子、それくらいで怒ることはないだろうと感じる子など、ひとつの状況でも、人によって感じ方が違うことを学ぶ。ケンカをしないためにどうすればよいかも、みんなで話しあう

休み時間に友だちと遊べない子には？

休み時間に、ひとりで遊んでいる子がいます。その背景は、遊びそのものに興味がない、仲間に入りたいけど入れない、遊び方がわからない、などさまざまです。

人の気持ちや状況を読み取る力が弱いために仲間からはずれてしまうのであれば、そうした力をつける練習の場をあたえることで、友だちづきあいが広がります。

AD/HD　LD

（友だちとの会話）

「入れて」「かして」で友だちと気持ちよくつきあう

状況に応じた言葉の使い方を身につけることは、社会生活を円滑に営《いとな》むうえでとても大切です。会話のルールを学ぶことで、友だちとの関係を変えていけます。

ちょっとしたひと言がでない

「かして」「ごめんね」などひと言断ったり謝ったりすることが、身についていません。相手に不快な思いをさせ、険悪な雰囲気になってしまいます。

本人の気持ち
おもしろそう！
友だちの気持ち
なんで突然入ってくるんだよ

「ぼくも入れて」というひと言がないため、「勝手にやるな」とトラブルになる

背景

正しい会話のルールがわからない

なにかしたいと思うと、そのことで頭がいっぱいになります。相手に対して「入れて」「かして」と、ひと言断ってから行動する、という習慣が身についていません。

- 言葉で自分の意思を伝えられない
- 孤立しがちであるため、集団のなかで自然に習得される社会性の発達が不十分なことがある

会話のルールが身につけば気持ちよく過ごせる

状況や場面にふさわしくない言葉づかいや行動は、相手に不快感をあたえてしまいます。人と人とのつきあいは、会話のルールを守ることでうまく進んでいきます。

さまざまな場面での具体的な会話のルールを知り、それを実践すると、友だちとのもめごとを減らせて、気持ちよく過ごせます。

周囲の子どもにも接し方を教える

仲間に入れない子どもを、「いっしょにやろう」と誘うなど、周囲の子どもにも接し方を学ばせる

悪いことをしてしまったとき

自分から「ごめんなさい」と謝れば、よほどのことでないかぎり、相手は「いいよ」と答えてくれる。それで関係は修復できる

遊びに入れてほしいとき

なにもいわずに加わると「いきなり割り込んだ」という印象に。「入れて」というひと言を学んでおく

目上の人と話すとき

「おはよう」ではなく「おはようございます」、「〜だよ」ではなく「〜です」といったようにていねいな言葉や敬語の使い方を学ぶ

ものをかりたいとき

「かして」といって、相手が「いいよ」といえば、かりられることを学ぶ。返すときは「ありがとう」とお礼を忘れずに

ボールペンをかり、「ありがとう」とお礼をいう練習をする

ルールはくり返し練習する

知識として理解するだけでなく、実際の生活場面で使えるように、根気よく練習していきましょう。

対応例

場面にあった言葉を選ぶ

「目上の人(先生)にあったとき」「ものをかりようとしているとき」など、さまざまな場面を描いたカードを用意。それぞれのカードをみながら、どんな言葉の使用が適切か考える

会話のルールを学ぶために

対応例

友だちにものをかりる機会をつくる

自分から声をかけてお願いする、相手から了承を得る、それに対して礼をいう、といった一連の会話の流れを、実際にクラスでやってみる

イライラや興奮をうまく抑えれば仲よくできる

自分の思いどおりにならないからといってすぐ感情的になってしまうと、友だちづきあいは長続きしません。気持ちの切り替え方法を覚えておくことが重要です。

本人の気持ち
だせるカードがない！ もういやだ！
ゲームなんだから、怒るなよ
友だちの気持ち

トランプをしていて、少しでも自分が不利になると、ゲームを投げだす

ささいなことで感情がたかぶる

勝ち負けにこだわり、負けそうになると怒りだしたり、泣きだしたりするなど、感情のたかぶりが抑えられない子がいます。

背景

感情をコントロールする力が弱い

喜怒哀楽といった感情を自分のなかでコントロールする力が弱く、感情のままに行動してしまいます。そのため、ささいなことで感情が大きく変化するようにみえます。

●一番がもっともよいと思い込み、順番にこだわる

勝つこと、一番になることがとても重要

ゲームなどの勝敗だけでなく、ちょっとした順番を決めるときにも、「一番」にこだわるのは、余裕のなさの現れでもあります。

がんばっているのにうまくいかないことばかりで、いつも満たされない思いをもっている子は、負けるということが受け入れられません。その子にとっては、勝つこと、一番になることが重要になっているのです。

やる気を失わないように工夫する

思いどおりにならない状況になっても、投げださないで続けられるように、励《はげ》ましたり、雰囲気を盛り上げたりしていきます。

ジャンケンは負けたけど、ほかの子よりも先に駒を選べる

ゲームや遊びをはじめる前におこなう支援

対応例

「怒らない」「泣かない」を目標にする

ゲームや遊びで負けそうになっても、怒ったり泣いたりしないことを目標にする。負けそうになったら、「おしい！」「いいところまでいっている」と、次回に期待させる言葉をかける

対応例

一番以外のよさを教える順番決め

順番が最後の人から好きな駒やカードを選べるようにするなど、一番以外の人にも特典があるようにして順番を決める

自分の気持ちをうまくコントロールするために

ゲームや遊びがはじまってからおこなう支援

対応例

発想の転換で楽しい雰囲気にする

ピンチに陥ったときは、「このスリルがたまらないね！」など、発想の転換をうながす。勝ち負けよりも、ゲームのワクワク感を味わえるようにする

ババを引いてこそババ抜き、と考えれば、不利な状況でも楽しめる

生活支援のヒント

◆

カッとして乱暴になる子に!

がまんするためのキーワード

AD/HD、LDがある子どもは周囲の気を引きたいために、わざと乱暴にふるまっていることがあります。乱暴や暴言をがまんすれば、みんなと仲よくなれることを実感させる必要があります。

自分が落ち着く行動を、キーワードにする

- 深呼吸をする
- 耳をふさぐ
- なにかを握りしめる
- 走る　など

がまんのためのキーワードを使う

自分の気持ちや行動をコントロールするキーワードを決めて、何度もいい聞かせます。カッとしても、その言葉を思いだして、がまんできるようになっていきます。本を読む、水を飲むなど、自分の気持ちがおさまる行動をキーワードにしても有効です。

落ち着いているときに、キーワードを学ぶ

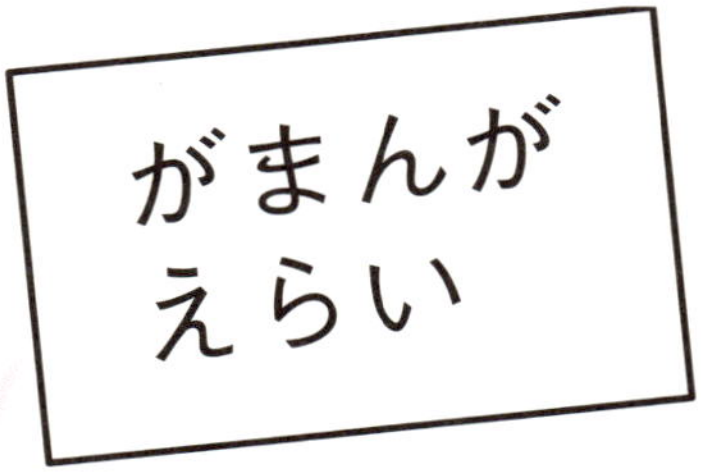

キーワードを書いた紙をお守りとしてもち歩いたり、机の上など目につくところに貼っておいたりする

言葉の例

- だれでも負けるときはある
- これでおしまいじゃない。次がある
- 気にしない、気にしない
- 負けるが勝ち　など

実際にケンカが起こってしまった

カードをみせながら注意する

まずは争っている子どもを引き離すことが必要です。その後、よくない言動は、その場ですぐに注意します。どの行動、言葉がいけないのか、子どもによくわかるからです。言葉と同時にカードをみせて、目でみてもわかるようにします。

よくない言動は、その場で止める

すぐにだせるように、先生がカードを携帯しておく

低い声で強く短く注意する

やめさせたい言動については「叩きません！」「やめなさい！」と、強く短い口調で注意する

ケンカをしている子どもどうしを引き離す

場所を変えることが有効

興奮してしまって冷静な話しあいができないときは、争っている二人を、お互いの顔がみえない場所に移動させる

興奮していると、先生の制止の言葉に、さらに気持ちがたかぶってしまう

乱暴や暴言をやめられたら、ほめる

よくない言動をやめることができたら、「よくわかったね」「やめられて、えらいね」と十分にほめる。また、先生に注意されてから行動をやめるまでの時間が短くなったときも、「今日はすぐに気がついたね」と評価する

AD/HD LD

友だちとの関係

遊びのルールはていねいに教えれば学べる

順番やルールなどの決まりごとが守れない子には、ただ注意するだけでなく、なぜ守れないのかを理解したうえで、適切にサポートしていくようにします。

順番やルールを守れない

順番やルールを守れない理由は子どもによって違いますが、理由はどうであれ結果として遊び仲間の和を乱すため、白い目でみられてしまいがちです。

友だちの気持ち
いつも平気で割り込んでくるんだから……
みんながボールを使う順番を待っているのに、おかまいなしに横取りする
本人の気持ち
早くやりたい！次はボクの番だ！

背景

ルール、決まりをきちんと理解していない

LDの傾向がある子は、説明を聞いただけではルールや決まりが十分に理解できないことがあります。AD/HDがある場合、ルールはわかっていても、「やりたい」という気持ちが抑えられず、決まりを守れないことがあります。

- ●注意力が散漫で、ルールや順番がわからなくなる
- ●決まりを守ることより勝敗にこだわる

わかりやすくていねいに説明をくり返す

ルールや順番を守れないために、ほかの子といっしょにうまく遊べない子がいます。

しかし決まりをていねいに説明し、遊びの最中も決まりを確認できるようにすれば、みんなといっしょに楽しめるようになります。

自分で確認できると安心する

ルールに対する子どもの理解を助けるとともに、ルールが途中でわからなくならないように工夫していきます。

ルールの提示は、いろいろな状況で有効。屋外であれば移動式のホワイトボードなどを利用する

突然、友だちのじゃまをしてしまう子に

状況をみずに、思いつくとすぐさま行動してしまう子に、ルールを意識させる効果が期待できる

遊んでいてもひとりよがりになる子に

自分流の解釈で、ルールを勝手に変えようとしたり、「セーフだ」と主張して譲らず、もめたりすることを防ぐ

授業中の学習支援にも

話しあいをするときのルールを決めておく。筆算式の解き方なども一種のルールととらえ、示しておくとよい

ルールを理解するために

対応例

ルールカードを貼りだしていつでも確認できるようにする

ルールや決まりはわかりやすい箇条書きにして黒板に貼りだしたり、カードにして机に貼っておいたりして、いつでも自分で確認できるようにする

きちんと順番を待つために

対応例

1度、列から離れてもよいことにする

じっと待つことが苦手でいらだつ子は、自分の順番が近くなるまでは、1度だけなら列や集団から離れてもよいことにする。よばれたらすぐ戻る、部屋の外には出ないなどの一定の取り決めは守らせる

対応例

順番がわかりやすいように工夫する

いま、だれの番なのか、次はだれに順番がまわってくるのかを具体的に示す。道具を使えばわかりやすく、混乱を防げる

順番が時計回りか逆回りかを示す円盤を置く。また、筒やブロックなどの小物を順番がきた人の前に置く

悩んだとき、どこに相談すればいいのかわかりません

相談できる公的機関が増えてきている

ＡＤ／ＨＤやＬＤなどの発達障害は、医療機関にいくだけで、問題が解決するわけではありません。子どもを理解し、具体的な支援方法を探るために、公的な相談機関を利用することも有効です。

各都道府県にある発達障害者支援センターは、発達障害がある人に関する相談や支援をおこなう中核的な機関です。地域の教育センターも、身近な相談機関のひとつ。学校と保護者が協力しあうためにも、こうした専門機関と連携することが大切です。

民間にも支援団体がある

ＡＤ／ＨＤやＬＤがある人の支援を目的にした民間団体も数多くあります。開設されているホームページや、開催されるセミナーを参考にするのもよいでしょう。

公的な相談機関

- 発達障害者支援センター
- 教育センター
- 児童相談所
- 保健所の相談センター
- 全国療育相談センター
- 国立大学内の心理カウンセリングセンター
- 国立精神・神経センター
- 都道府県立の子ども医療センター、小児医療センター　など

いずれも面接や電話による相談を受けつけたり、情報の提供をおこなったりしている。必要に応じて他機関を紹介してもらえるので、地域の保健センターなど、身近な機関に相談することも考えてみる

4

家庭はあせらず ゆっくり学ぶ場所

何度注意しても同じことをくり返すわが子を前に、

「きちんとしつけなければ」「勉強の遅れをどうにかしなければ」

と、あせることもあるでしょう。

しかし、子どもはゆっくりでも、確実に成長します。

結果をすぐに求めず、温かい目で見守りながら育てましょう。

家庭でのポイント

学校や専門機関と連携をとる

さまざまな問題を起こすわが子を前に、思い悩むことも多いでしょう。子どもを取り巻く人々との連携を深め、よりよい対応をいっしょに考えてもらうことが大切です。

レストランなどの公共の場所では、親の気苦労は絶えない

親の苦労も多い

いちばんつらく、困っているのは子ども本人です。しかし、親にとっても子どもがかかえる問題はつらく、苦しいものです。

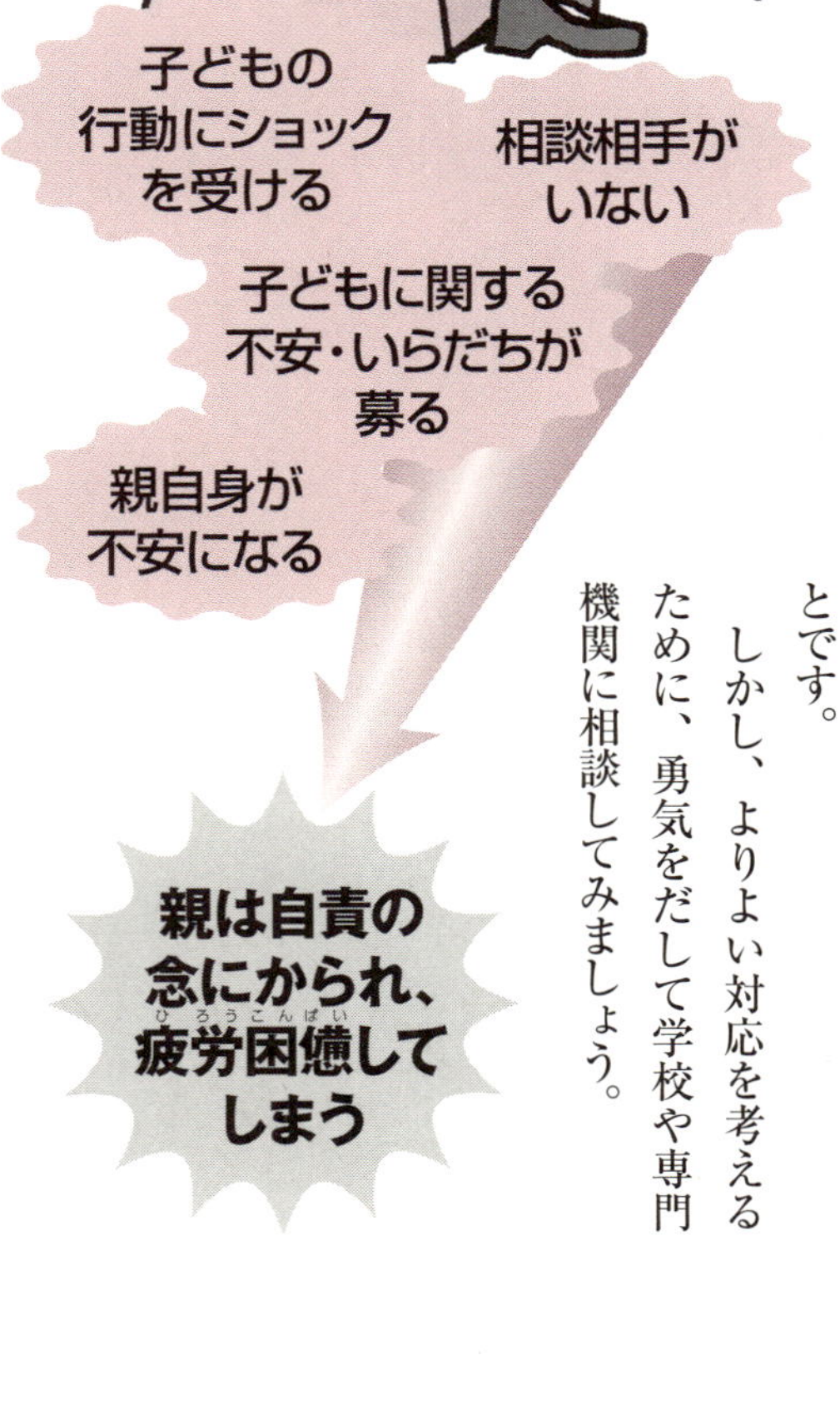

子どもの行動にショックを受ける
相談相手がいない
子どもに関する不安・いらだちが募る
親自身が不安になる
親は自責の念にかられ、疲労困憊《ひろうこんぱい》してしまう

家庭でかかえ込まず相談する

子どもの問題を指摘されると、親は自分が責められているように感じ、思いつめることがあります。ただでさえ、子育ては苦労がともなうものなので、親が不安や心配ごとをかかえ込むのは、当然のことです。

しかし、よりよい対応を考えるために、勇気をだして学校や専門機関に相談してみましょう。

三者間でよく連携をとる

親と教師が信頼関係を築くことで、問題解決の糸口がみえてくるものです。また、専門機関との連携も、子どもの状態を正確に理解して支えていくために、必要です。

担任、教頭、特別支援コーディネーターなどが話しあい、親を支える

情報交換を密にする

子どもの状態を連絡帳などを使って連絡しあったり、必要に応じて話しあいの場を設けたりする。情報を交換して、指導のあり方や対応のしかたを相談する

ともに子どもと親を支える

場合によっては、専門家が学校に出向いたり、教師と親の話しあいに参加したりしながら、適切な支援策をいっしょに考える

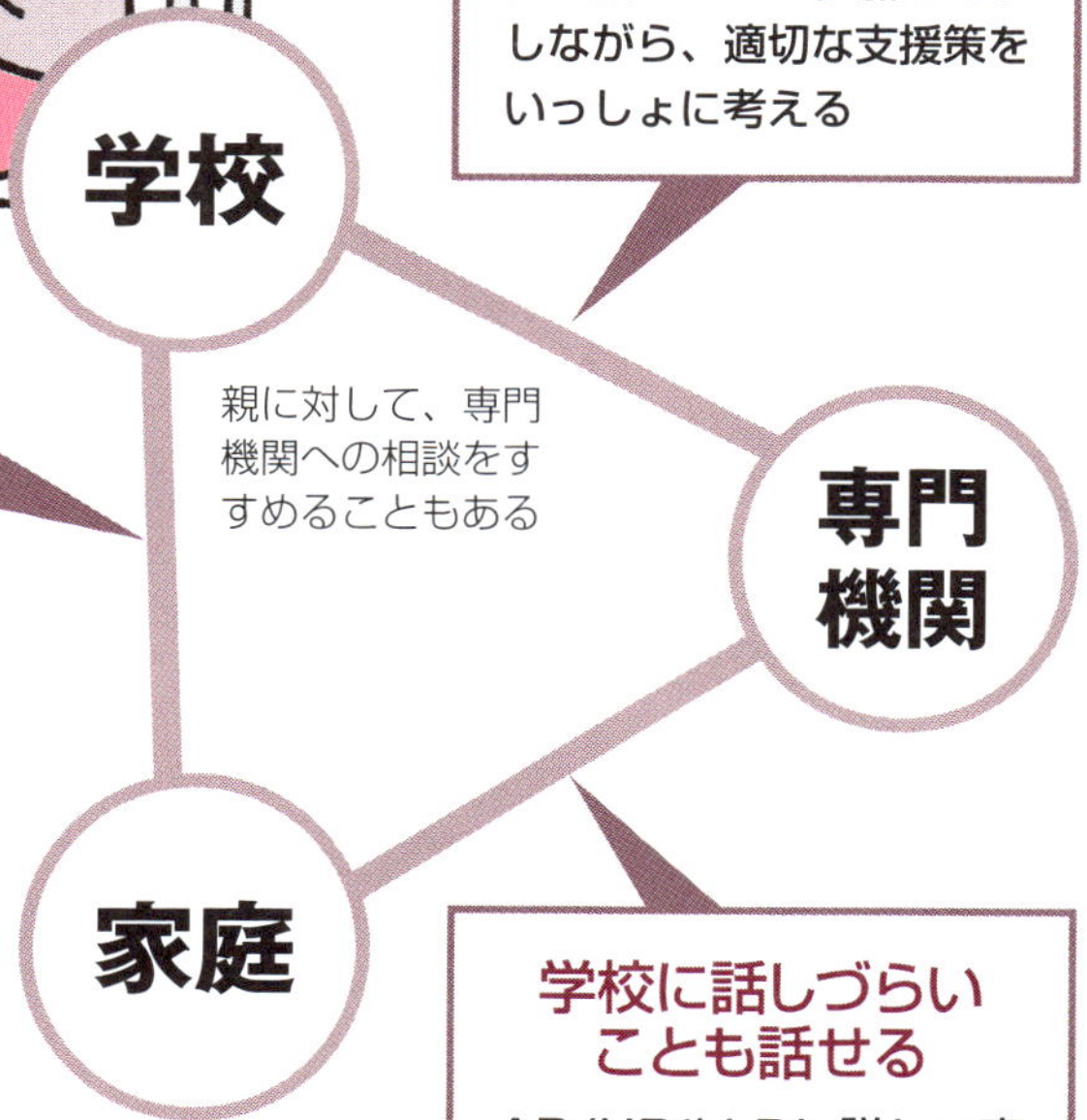

学校
専門機関
家庭
親に対して、専門機関への相談をすすめることもある

学校に話しづらいことも話せる

AD/HDやLDに詳しい専門家に相談すれば、親は安心感を得られる。教師の対応への疑問など、学校側に直接いいにくいことも相談できる

なにげない言葉が親を傷つける

「なんとかしたい」という思いで相談をもちかけた親が、「愛情を注いでください」といわれ、傷つくことがあります。親は、愛情だけではうまく対応できないからこそ思い悩んでいるのです。

なにげないひと言でも、「だれもわかってくれない」という親の思いを強くして、学校や専門機関に援助を求める気持ちを失わせてしまうことがあるのです。

家庭でのポイント

育て方には、一貫したルールが必要

子どもに対して、「これくらいのことはできてほしい」という期待はいろいろあると思いますが、あせってもうまくいきません。ルールを決めて、ひとつずつじっくり取り組んでいきましょう。

まず子どもを理解する

AD/HDやLDがある子の特性を無視してやみくもに要求を課せば、親も子も疲れてしまいます。子どもを理解したうえで一定のルールを決め、ひとつずつ守らせていきます。

服をハンガーにかけるようすなど、片づけ方を親が示してあげる

子どもを正しく理解する

子どもの問題行動は、AD/HDやLDならではの特性であることを理解する。「私がダメな親だから」と、自分を責める必要はない

子どもを導く

低年齢のうちは障害という言葉は使わず、「こうすればうまくいくよ」「こうすると楽しいね」と、ものごとに楽しく取り組める方法を伝える

できたらほめる

できて当然と思うようなことでも、できたときは、「よくできたね」と認め、こまめに声をかける

一貫したルールをつくる

子どもが混乱しないように、生活習慣などについて、「これだけは守っていこう」というルールを決める

子どもへの愛情が土台になる

「困った子」という思いがどんなに強くても、子を思う親の心の根底には愛情があります。子どもへの対応は、テクニックを学ぶことも大切ですが、温かい気持ちで接していくことが土台になります

家庭で共通の取り決めをもつ

子どもの問題にどう対応するか、両親のあいだでよく話しあっておきましょう。決めたルールをあやふやなものにしないためにも、共通の取り決めが必要です。

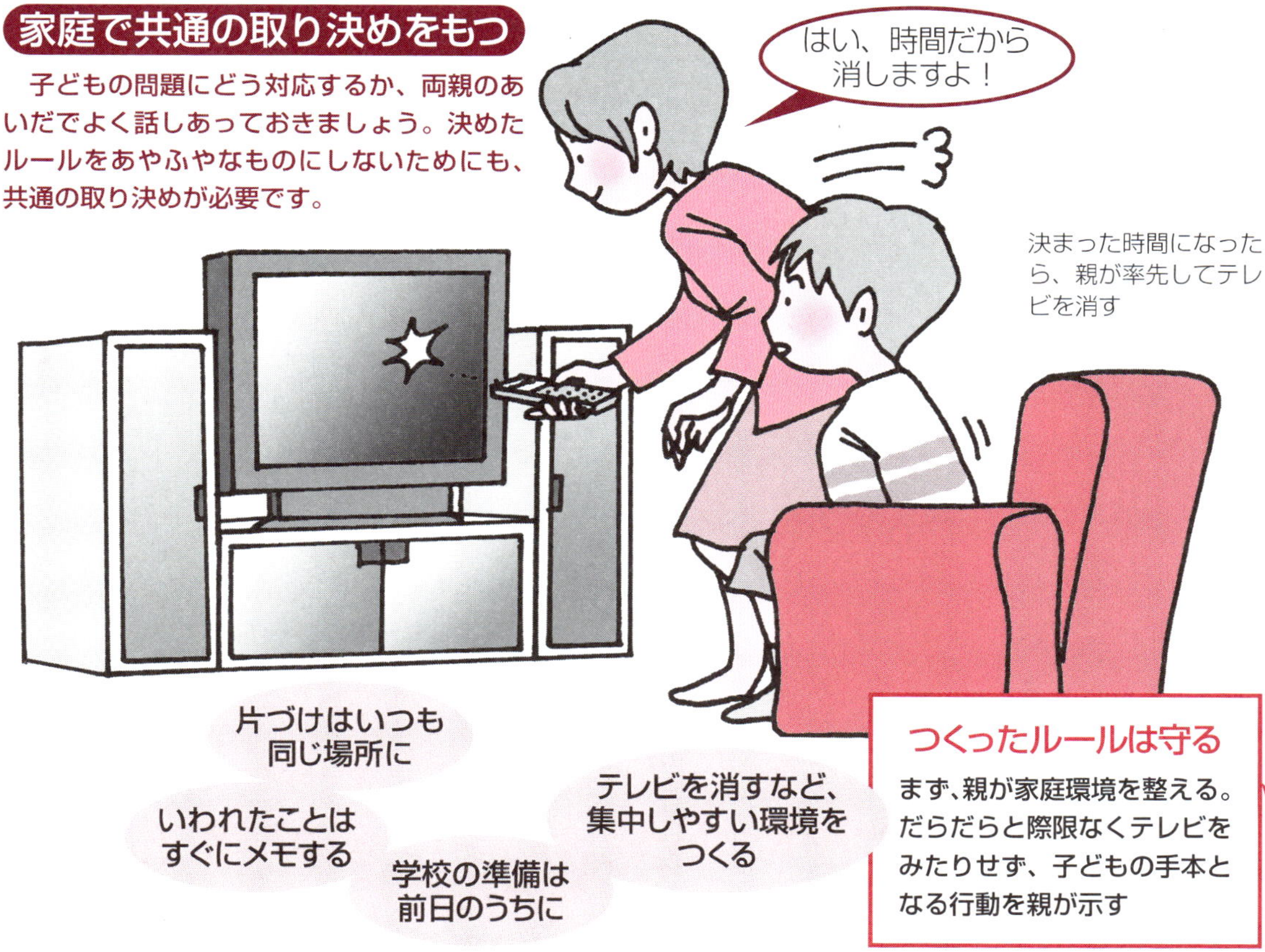
はい、時間だから
消しますよ！
決まった時間になったら、親が率先してテレビを消す
片づけはいつも
同じ場所に
いわれたことは
すぐにメモする
学校の準備は
前日のうちに
テレビを消すなど、
集中しやすい環境を
つくる

つくったルールは守る

まず、親が家庭環境を整える。だらだらと際限なくテレビをみたりせず、子どもの手本となる行動を親が示す

ポイント

ほめることはその場ですぐに

ほめるときは「その場ですぐに」を心がけてください。勉強が終わった直後にほめる、少しでも努力をしたらほめる、親のいうことを聞いたらほめる、これがコツです。

本当はもっとやってほしい、と期待していても、「でもね〜」「もっと〜」といわず、子どもをほめることだけに終始しましょう。

勇気をだして担任に相談する

ＡＤ／ＨＤやＬＤがある子どもにとって、苦手なことを一度に克服するのは、困難です。優先順位を決め、いま大切にしたいことから、ひとつずつ取り組ませるのが現実的です。

しかし、なにからはじめるべきか、優先順位を決めるのは、とても難しいことです。簡単に決められません。学校でのようすもよく知っている、担任の先生に相談してみるとよいでしょう。

AD/HD

家庭生活

規則正しい生活を送るために、家庭のルールを仕切りなおす

AD／HDがある子どもは、ともすれば生活リズムが乱れがちです。幼児のときから規則的な生活を送ることが大切ですが、いまからでも仕切りなおして正しましょう。

生活リズムが乱れやすい

起きる時間や寝る時間を守ることは、正しい生活習慣を身につけるための基本です。しかし、AD/HDがある子どもは、好きなことを優先させてしまい、リズムを乱すことがよくあります。

親といっしょに、夜遅くまでテレビをみてしまう

背景

時間感覚が乏しくスケジュールが守れない

AD/HDがある子どもは、時間の感覚が身についていないことがあります。寝つきが悪い、朝の寝覚めが悪いなど、睡眠と覚醒の切り替えがうまくいかない傾向も、生活リズムを乱す要因になっています。

時間を正確に伝えていく

規則正しい生活を送るには、時間を意識して行動する習慣をつけることが必要です。「あと、もう少し」などというあいまいな表現ではなく、「○時までにやろう」「あと○分」など、正確な時間を伝え、時計をみるようにうながし、時間の感覚を養っていきましょう。

家庭のルールを仕切りなおす

生活リズムを崩したまま成長した子は、適切な生活習慣がなかなか身につきません。一度、家族全員で家庭のルールについて考えなおす必要があります。

大人の会合に、深夜まで子どもを連れている

テレビを長時間みせている

間違った子育てをしている

時間をつぶすためや、静かにさせるためにテレビをみせるなど、子育ての基本ができていないことがある

親といっしょに夜遅くまで遊んでいる

家庭のルールを見直す

子どもひとりにルールを守らせるのではなく、家族全員が改善に向けて、努力する。親が行動の模範を示す。大人の生活リズムとは違うので、けじめをつけて育てる

たとえば

起きる時間と寝る時間を守る

夜ふかしを認めたり、休日に好きなだけ寝かせておいたりせず、ふだんの生活リズムを大きく変えない

ゲーム、テレビの前に宿題をやる

宿題などやるべきことを済ませたら、決めた時間までゲームをしたりテレビをみたりしてもよい

食事の時間を守る

偏食の強い子は間食が多いと、食生活が乱れやすい。時間どおりに、バランスのよい食事をとる

朝は、子どもが目覚めやすいように、カーテンを開けて光を入れ、血行をよくするため背中をさする

AD/HD

（家庭生活）

外出先でのわがままには、あくまでも冷静に接する

感情のコントロールが下手な子は、外出先でもかんしゃくを起こすことがあります。けれど静かにさせようと、子どもの言いなりになると、その行動を増長させてしまいます。

思いどおりにならないとダダをこねる

なんとしても自分の要求をとおそうと騒いだり、泣きさけんだりする子どもを前に、親は根負けすることが少なくありません。

人目があるところでも子どもはおかまいなし。親はいたたまれなくなってしまう

背景

泣きさけべば意見がとおると思っている

AD/HDがある子は、感情を抑えることが苦手なため、かんしゃくを起こしやすい傾向があります。泣きさけび続けた結果、思いどおりになったという経験が重なると、意見をとおす手段として、学習してしまいます。

あくまで大人は冷静に対応する

大声で泣きさけぶ子を前に親も冷静さを失い、怒鳴り散らしたり、思わず手が出そうになったりすることがあるかもしれません。

しかし、親が感情的になって興奮すると、子どもはよけいに落ち着けなくなります。あくまでも冷静に、落ち着いて対応するように心がけましょう。

怒鳴りつけても火に油を注ぐだけ。子どもの興奮につられず静かにさとす

興奮を静めることが第一

気持ちがたかぶっているとき、子どもはなにを言われようと耳に入りません。子どもが興奮しているときは、頭ごなしに注意するのではなく、まずは落ち着かせます。

落ち着いたトーンで話す

「それはいけない」
「○○しましょう」と、
静かに低い口調で
いい聞かせる

場所を変えて話す

店内から出るなど場所を
変えると、子どもの気分を
変えるきっかけに
なることも

行動面

落ち着いたら説明する

子どもの気持ちが落ち着いたら、
なにをしてはいけなかったのか、
それはなぜか、どうすれば
よかったのかなどを、
おだやかに説明する

心理面

子どもの気持ちは受け止める

「○○したかったんだよね」などと、気持ちについては、受け止めるようにします。

「トークンエコノミー」が有効なこともある

よい行動を増やすための方法として、「トークンエコノミー」があります。お手伝いができたら一ポイント、宿題ができたら一ポイントなど、よい行動に対してポイントをあたえ、ポイントがたまったら、特典があるというもの。

特典は、ゲーム時間を延長できる、お菓子を買ってもらえるなど、子どもが魅力を感じるものを用意しておきます。

AD/HD　LD

（家庭生活）

学校に行きたがらない場合は、まず原因を探る

子どもが登校を渋ると、なにがあったのかを心配するのは当然ですが、本人がはっきりした理由を話してくれるとはかぎりません。学校と連携を深め、登校できるように支援します。

理由ははっきりいわないが登校を渋る

「行きたくない」とはいえても、多くの場合、理由ははっきりいい表せません。漠然とした不安をかかえているだけのこともあります。

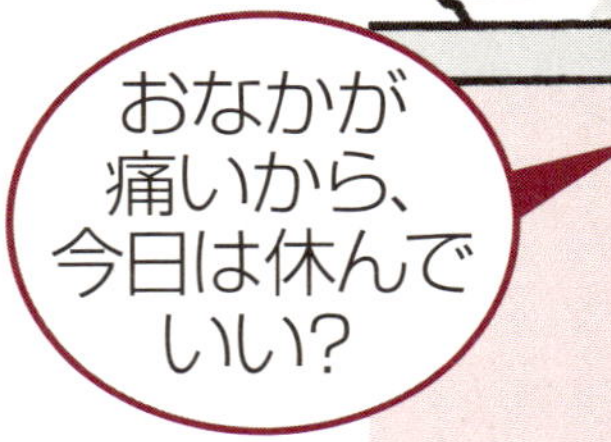

朝になるとおなかや頭が痛くなることもあるが、体に異常はみられないことが多い

背景

AD/HDやLDの特性でうまくいかない

学習面でのつまずきから勉強がつらくなっている、衝動性の高さゆえに周囲から孤立しているなど、AD/HDやLDの特性に対して周囲の理解が不十分なために、学校生活になじめないでいる可能性があります。

長く休まないで済むよう学校と家庭で協力していく

登校渋りは子どもが発するなんらかのサインです。ＡＤ／ＨＤやＬＤがある子どもは、「できて当たり前」と思われることも、エネルギーをふりしぼって取り組んでいます。親にはわからないストレスをためている場合もあります。

長く休むと学校に行くことへの抵抗感が生まれます。教室に入れるように、学校と家庭が協力して支えていきましょう。

学校は校内委員会を設置し、AD/HDやLDの子をチームとして支えていく

子どもの状態をつかむ

登校を渋るはっきりした原因があれば、それを解消していきます。直接の原因がわからなくても、子どもが困っていることへの対応を考え、教室に入れるように支援します。

本人

自分の状況をうまく説明できない

AD/HDやLDがある子は、自分がおかれている状況を説明するのが苦手で、なぜ学校に行きたくないのか、自分でもよくわからないことが多い

うまくいかないことが多くて恥ずかしい

みんなのようにできず、やる気がなくなっている

学校

校内委員会で話しあう

担任や学年主任、特別支援教育コーディネーター、スクールカウンセラー、巡回相談員などが、特別に支援を必要とする子どものために、校内委員会で、事情や登校をうながす方法を話しあう

いっしょに子どもを支える

登校渋りの背景になにがあるのか、どのような対策が有効か、保護者と先生がいっしょに考える

家庭

子どものストレスが強ければ休ませる

子どもが強いストレスを感じていたら、ストレスから遮断するために、あえて2〜3日休ませる。しかし、体調が悪くないかぎり、長くは休ませない

休んでいても、家庭ではできることはさせる

家庭支援のヒント ◆ 片づけができない子に!

ポイント別の教え方

AD/HDやLDがある子にとって、片づけは苦手なことのひとつ。どこにしまえばよいかわからない、手順がわからない、面倒くさいなど、その要因はさまざまです。

しまう場所を決めてわかりやすく示す

どこになにをしまえばよいかわからない子には、「おもちゃは全部この箱に入れる」など、整理する場所を明確に示すことが大切です。区別して片づける場合も、同様です。

写真やテープの色で示す

おもちゃやゲーム機の写真を引きだしに貼ることで、しまう場所がすぐにわかるようにする。テープの色で分類してもよい

棚に写真や色違いのテープを貼って、視覚的に示す

親がうまくリードしていく

片づけの手順がわからない子や、作業自体を面倒だと感じる子には、親がいっしょに整理しながら、正しい手順や部屋がきれいになることのよさを教えていきます。

共同作業で手順をみせる

ベッドメイキングや、服をたたむことは、口で説明するだけではうまくいかない。親も実際に手を動かし、手順を示していく

シーツをきちんと敷くために、親が手伝って手本をみせる

「片づけはよいこと」だと実感させる

部屋がきれいになって気持ちがよい、ほしいものがすぐわかるなど、まず片づけのよい面を教える。作業のあとにほめたり、おやつをあげたりするのも効果的

そうじのあとは、部屋を大きく使えるので、体を動かして遊べる

家庭支援のヒント

◆

忘れものが多い子に！

もちものをまとめるボックスとファイル

忘れものが多い子は、いくら注意をしても、それだけできちんと準備できるようになるものではありません。まず親がいっしょに準備し、徐々にひとりでできるようにしていきます。

ボックスを使って勉強道具を整理する

教科書やノート、プリントを全部立てかけられる縦型の紙ボックスを使うと、整理しやすくなります。時間割をみながら、声にだして翌日のもちものを準備します。

3	国語	社会	体育	図工	音楽
4	算数	理科	社会	図工	体育
5	社会	国語	理科	算数	理科

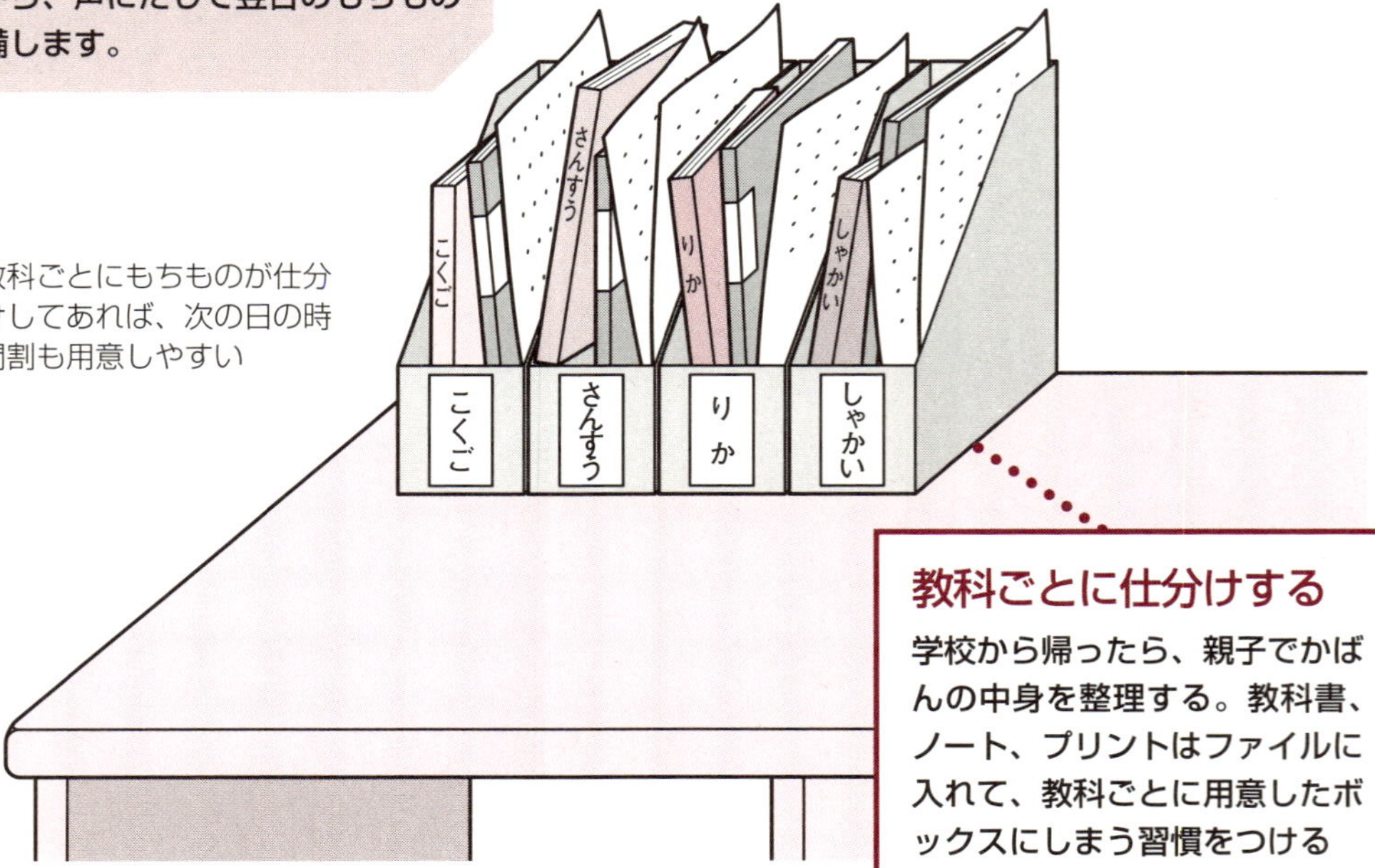

教科ごとにもちものが仕分けしてあれば、次の日の時間割も用意しやすい

教科ごとに仕分けする

学校から帰ったら、親子でかばんの中身を整理する。教科書、ノート、プリントはファイルに入れて、教科ごとに用意したボックスにしまう習慣をつける

大事なものはまとめておく

どこかに置いたまま忘れる、しまった場所がわからなくなる、というのもよくあることです。これを防ぐには、大事なものを入れるところを決めておくのが有効です。

透明のファイルなら、中がすぐに確認できる。チャックがついていればなくすことも減る

重要なプリントはクリアーファイルにまとめる

チャックつきの横長のクリアーファイルを準備し、学校から渡される保護者向けのプリント類は、すべてそこに入れる。帰ったら所定の場所にだすように、親子で約束しておく

学習机の横などに小さな台を置き、もちものをまとめるスペースにする

翌日のもちものは1ヵ所にまとめる

次の日にもっていくものを準備したら、まとめて1ヵ所に置いておく。でかけるときには、そこにあるものを全部もっていけば、忘れものをせずに済む

学校でもちものや宿題を管理する方法もある

子どもひとりでは、まだきちんと準備ができない。けれど事情があって親もなかなか手伝えない。そんなとき、教科書やノートを学校で保管する方法があります。忘れものを防ぐ究極の対策です。

また、宿題を放課後、教室で終わらせてから帰宅してもよいでしょう。事前に先生に相談する必要がありますが、これなら確実に宿題を提出できます。

AD/HD　LD

（家庭学習）

家での勉強は習慣づけることからチャレンジ

苦手なことに進んで取り組むのは、だれにとっても容易ではありません。なかなか勉強しない子を叱りつけたり、苦手意識をかきたてたりしないのが得策です。

ただ「やりなさい」というだけでは、できるようにならない

家でちっとも勉強しようとしない

家に帰るとゴロゴロしてばかりで机に向かわない子には「宿題はやったの？」「勉強しなさい！」と、ついいってしまうもの。しかし、過剰な声かけは、逆効果になることがあります。

背景

勉強することに抵抗感があり、取り組めない

家庭学習ができない理由はさまざまですが、多くの子に共通するのは、勉強に対する苦手意識が強いこと、ひとりではできないこと、手順がわからないことです。

無理なく続けられる方法を考える

なかなか家で勉強しない子に対して、「こうすれば勉強するようになる」という特効薬はありません。まずは学習しやすい環境を整え、三〇分程度の短時間からはじめ、勉強に対する抵抗感をなくしていきましょう。

できたことを十分にほめて達成感をもたせれば、子どもの意欲は高まります。それが、学習の習慣化につながります。

勉強に抵抗を感じない工夫をする

苦手な教科を克服するためにたくさんやらせよう、難しい問題をやらせようとすると、苦手意識を強めるだけになります。学習する量や難易度は無理のない範囲にしましょう。

わからない点を聞かれたらすぐに答えられるように、親は子どものそばにいるとよい

学習環境を整える

- テレビを消して、家族全員が「学習モード」になる
- 騒音が入らないようにして、室温・照明も調整
- 部屋と机を整理整頓
- 空腹時、満腹時はさける
- 服装はゆったり、締めつけないものに
- 親は過剰な声かけ、指示を控える

意欲をもてる工夫をする

- 子どもが興味をもっていることからはじめる
- どの教科ならできるか、子どもと話しあう
- 勉強する曜日や時間を決める
- 終わったらかならずほめる
- カレンダーに記録して、成果が目にみえるようにする

それでも学習に取り組めないとき

- 学習の動機づけのために、エネルギーの補給が必要。休息と心の栄養を
- 釣り、トレッキングなど、子どもを外に連れだして刺激をあたえる
- 家族でいっしょに料理をしたりしてリラックスする

意欲が高まったら、もう一度チャレンジ

ほめられたり、花丸がもらえたりすることで、意欲がわいてくる

AD/HD　LD

（家族関係）

ほかのきょうだいにも、愛情を示す機会をつくる

親の目は手のかかる子に向きがちで、ほかのきょうだいは嫉妬心をいだくことがあります。ときには一対一でふれあう時間をとり、「自分も愛されている」と実感させましょう。

どちらのきょうだいも不満をもつ

AD/HDやLDがある子とほかのきょうだいで、対応に差が出るのはさけようがないことです。子どもはそれぞれに不満を持っています。

AD/HD、LDがある子の気持ち

自分が親の期待にそえていないと感じる

きょうだいにくらべ、自分は親の期待どおりの子どもではないと感じています。自尊感情が下がっていることもあります。

ほかのきょうだいの気持ち

親に甘えたいのをがまんしている

自分も甘えたいのに、いつも後回しでかまってもらえないと感じています。「私も遊んでほしい」と、嫉妬心を募らせていることがあります。

兄を支援しようと思うと、妹への気配りがおろそかになり、親としてもつらい

「愛している」という思いをそれぞれに伝える

きょうだいがいる場合、それぞれをまったく平等に扱うのは、困難です。それでも、「みんな大事な子」「愛している」という思いが伝われば、対応の違いを愛情の差のように感じて苦しむことはありません。きょうだいどうしが思いやる心も生まれてきます。

「大好き」という気持ちを、言葉やふれあいを通じて伝えていきましょう。

きょうだいどうしが理解しあえるように配慮

　ほかのきょうだいとも向きあう機会をつくりましょう。「大事にされている」という実感がわけば、対応の違いも十分に理解し、AD/HDやLDがあるきょうだいを大切に思う気持ちも生まれてきます。

ごく自然に、きょうだいはお互い協力しあうことが必要だとわかる

ほかのきょうだいには

○ 障害名ではなく特性を理解してもらう

徐々にでよいので、AD/HDやLDという障害名ではなく、特性をわかってもらう。また、両親で分担して、ときにはたっぷり甘えられる時間をつくってあげるとよい

× がまんばかりさせてしまう

「この子は大丈夫だから」と放っておき、なにか要求があっても後回しということばかり続くと、「自分はほったらかしにされている」と感じてしまう

AD/HD、LDがある子には

○ 子どもの成長スピードにあわせる

AD/HDやLDがある子は、学習や行動の面で、成長のスピードがゆるやか。ほかのきょうだいとくらべるのではなく、その子自身の成長をみながら、必要な支援をおこなう

× ほかのきょうだいとくらべる

「お姉ちゃんは、そんなことなかった」など、親がきょうだいを比較するのはさける。子どもには批判に聞こえ、発奮するよりやる気をなくしてしまう

特性をわかってもらえれば、きょうだいがよきパートナーになってくれる

「なんでアイツばっかり……」という思いが重なり、AD/HD、LDがあるきょうだいや親に批判的になる

家族の時間をもつ

子どもとふれあう スペシャルタイムをつくる

AD/HDやLDがある子は、学校で苦手なことを要求されて、張りつめた時間を過ごしています。

親子でいっしょに、楽しく過ごす時間をもつように心がけましょう。

本を読んでもらいたいけれど、親のようすをみて、がまんしてしまう

子どもとゆっくり過ごすことができない

きちんと育てたいと強く思うほど、「勉強をみなければ」「明日の用意をさせなくては」と、子どものしつけに追われます。子どもと遊ぶ時間や、ゆっくり過ごす時間がなくなりがちです。

親は子どもの最大の理解者

子どもは、親が自分を信じ、必要なときに手を差し伸べてくれる存在であってほしいと望んでいる

↓ でも……

子どもは寂しがっている

いつも忙しい親や、厳しく叱ることが多い親に対して、子どもは遠慮してしまう。甘えたくても甘えられない

子どもと心の交流をもつ

子どもとふれあい、いっしょに楽しむことは、親子の信頼感をはぐくむうえで、とても大切です。子どもと過ごす「スペシャルタイム」をつくりましょう。

「お風呂タイム」は、浴槽にもぐったり、シャンプーで髪型を変えたりする、最高の遊びの時間

毎日15分、子どもと楽しむ時間をつくる

子どもが親を独占して楽しめる時間をつくるなど、親子でたっぷりコミュニケーションをとる

週に1度は家族で過ごす時間をつくる

家族全員で遊んだり、散歩したりする時間をとる。曜日や時間を決めると、子どもはそれを楽しみにがんばれるようにもなる

ふだんの生活のなかでも、いっしょに遊ぶ

- 子ども用のエプロンを着せ、いっしょに台所に立つ
- 食事を庭やベランダでしたり、キャンドルを灯して雰囲気を変えたりして楽しむ
- お風呂は、泡で体をスベスベにして遊ぶ、浴槽に沈んだ石鹼箱をとるなど、楽しめる場所に
- 布団のうえでプロレスごっこ。みんなでゴロゴロ転がって遊ぶ

子どもを抱きしめる

子どもがスキンシップをとりたいようなら、抱きしめてあげるとよい。ただし、触られるのがいや、という子には無理強いしない

抱っこしてもらうだけで、子どもの心は安らぐ

進学先はなにを基準に選べばよいのでしょう?

進学先の雰囲気を知るには、実際に見学をしてみるとよい

子どもの特性を客観的にとらえる

学習面の支援を受けて勉強に力を入れる子がいれば、好きなことに焦点を絞って専門的な道を選ぶ子もいます。進路は子どもによってさまざまです。進路を考えるときは、子どものもつ得意な面、苦手な面などの特性を客観的にとらえましょう。

進路は子どもの「生き方」を決める分岐点です。子どもが力を発揮できる学校を選びましょう。

子どもの能力を伸ばせる進学先を選択する

学校は、名声やレベルだけに目を向けるのではなく、「根気強く面倒をみてくれるかどうか」という視点で選ぶことが大切です。

ＡＤ／ＨＤやＬＤは生まれついての特性ですが、けっしてそのことで卑屈になる必要はありません。子どもが堂々と生きていけるように、育てていきましょう。

■監修者プロフィール

月森久江（つきもり・ひさえ）

杉並区立中瀬中学校教諭、通級指導学級「中瀬学級」担任。高機能広汎性発達障害、AD/HD、LDなどの発達障害がある中学生のための指導をおこなう。現在、早稲田大学大学院教育学部教職研究科非常勤講師も兼任。

日本LD学会会員、日本学校教育相談学会会員、日本LD学会認定の特別支援教育士スーパーバイザーとしても活躍。

編書に『教室でできる特別支援教育のアイデア　小学校編　Part2』（図書文化社）、分担執筆書に『学校で活かせるアセスメント』（明治図書出版）、『ADHD・LD・高機能PDDのみかたと対応』（医学書院）など多数。

●編集協力
オフィス201
柳井亜紀

●カバーデザイン
松本　桂

●カバーイラスト
長谷川貴子

●本文デザイン
勝木雄二

●本文イラスト
秋田綾子
千田和幸

健康ライブラリー　イラスト版

AD/HD、LDがある子《こ》どもを育《そだ》てる本《ほん》

2008年10月10日　第1刷発行

監　修　月森久江（つきもり・ひさえ）

発行者　野間佐和子

発行所　株式会社講談社
東京都文京区音羽二丁目12-21
郵便番号　112-8001
電話番号　出版部　03-5395-3560
　　　　　販売部　03-5395-3625
　　　　　業務部　03-5395-3615

印刷所　凸版印刷株式会社

製本所　株式会社若林製本工場

N.D.C.493　98p　21cm

© Hisae Tsukimori 2008, Printed in Japan

定価はカバーに表示してあります。
Ⓡ〈日本複写権センター委託出版物〉
本書の全部または一部を無断で複写複製（コピー）することは、著作権法上での例外を除き、禁じられています。本書からの複写を希望される場合は、日本複写権センター（03-3401-2382）にご連絡ください。
落丁本・乱丁本は購入書店名を明記のうえ、小社業務部あてにお送りください。送料小社負担にてお取り替えいたします。なお、この本についてのお問い合わせは学術図書出版部あてにお願いいたします。

ISBN978-4-06-259429-5

■参考文献

『シリーズ　教室で行う特別支援教育3　教室でできる特別支援教育のアイデア172　小学校編』月森久江編（図書文化社）

『シリーズ　教室で行う特別支援教育4　教室でできる特別支援教育のアイデア　中学校編』月森久江編（図書文化社）

『育てるカウンセリングによる　教室課題対応全書9　教室で行う特別支援教育』國分康孝　國分久子監修／月森久江　朝日滋也　岸田優代編（図書文化社）

『ADHD臨床ハンドブック』中根晃編（金剛出版）

『LD・ADHD・アスペルガー症候群　気になる子がぐんぐん伸びる授業　すべての子どもの個性が光る特別支援教育』高山恵子監修／品川裕香著（小学館）

『発達と障害を考える本③　ふしぎだね!?　LD（学習障害）のおともだち』内山登紀夫監修／神奈川LD協会編（ミネルヴァ書房）

『発達と障害を考える本④　ふしぎだね!?　ADHD（注意欠陥多動性障害）のおともだち』内山登紀夫監修／えじそんくらぶ　高山恵子編（ミネルヴァ書房）

講談社　健康ライブラリー　イラスト版

AD／HD(注意欠陥／多動性障害)のすべてがわかる本

市川宏伸　監修
東京都立梅ヶ丘病院院長

落ち着きのない子どもは、心の病気にかかっている？　多動の原因と対応策を解説。子どもの悩みがわかる本。

定価1260円

自閉症のすべてがわかる本

佐々木正美　監修
川崎医療福祉大学特任教授

自閉症は、病気じゃない。子どものもつ特性を理解して寄り添い方を工夫すれば、豊かな発達が望めます。

定価1260円

アスペルガー症候群(高機能自閉症)のすべてがわかる本

佐々木正美　監修
川崎医療福祉大学特任教授

自閉症の一群でありながら、話し言葉は達者なのが、アスペルガー症候群。自閉症と異なる支援が必要です。

定価1260円

LD(学習障害)のすべてがわかる本

上野一彦　監修
東京学芸大学教授

「学びにくさ」をもつ子どもたちを支援する方法と、特別支援教育による学習環境の変化、注意点を紹介。

定価1260円

講談社　健康ライブラリー　スペシャル

『発達障害に気づいて・育てる完全ガイド』

―先生・保護者がすぐに使える記入式シートつき―

じっとしていられない、コミュニケーションがうまくとれないなど、子どものようすが心配なとき。発達障害によるのか、性格なのかの見極めは難しく、学校の先生と保護者で意見がくいちがうこともあります。子どもの傾向を客観的につかみ、どうすればいいかをアドバイス。基礎知識から小さなアイデアまで、現場に即した日本で初めてのガイドです！

黒澤礼子　著
臨床心理士・臨床発達心理士

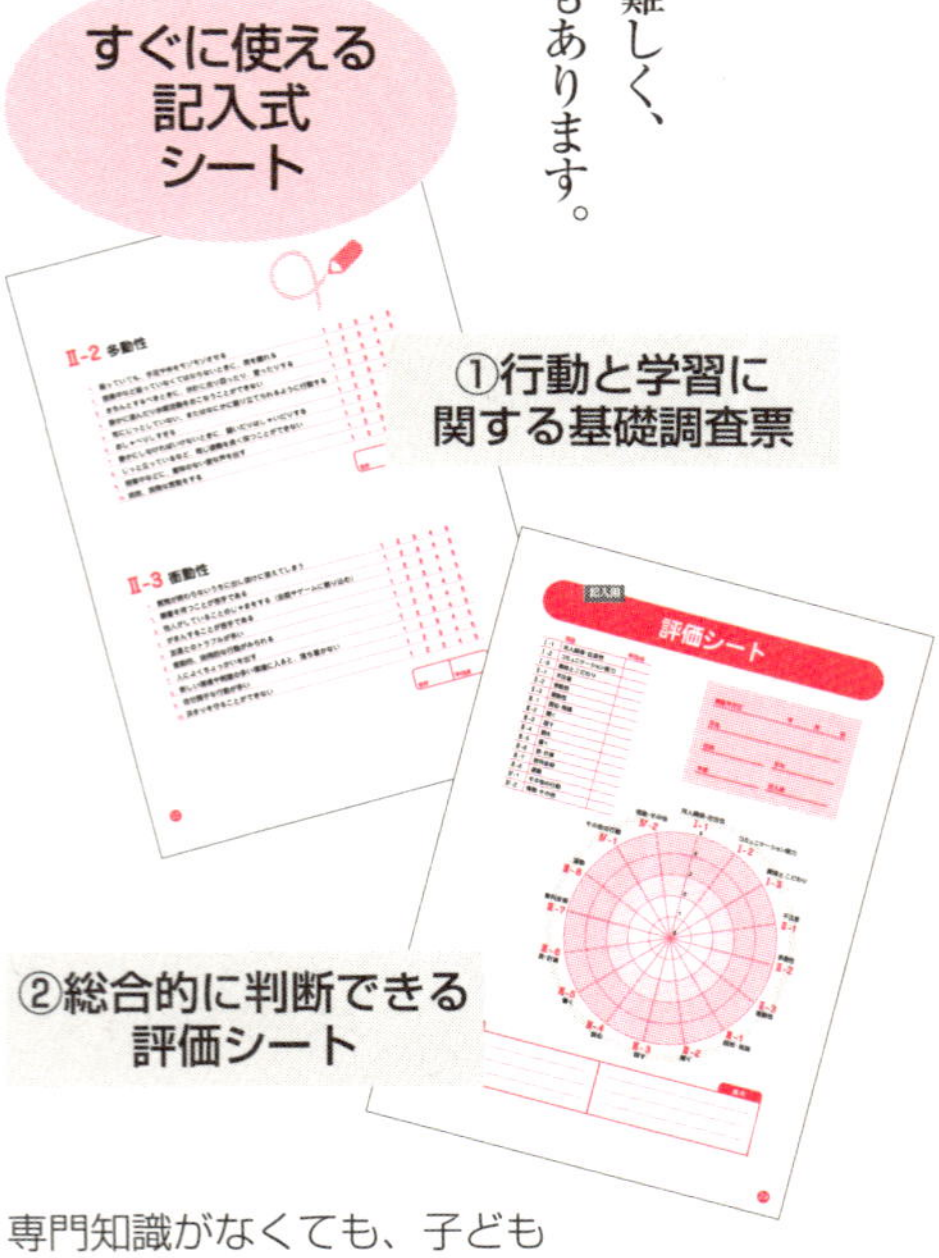
すぐに使える記入式シート
①行動と学習に関する基礎調査票
評価シート
②総合的に判断できる評価シート

専門知識がなくても、子どものようすをよく知っている人なら、だれでも記入できます。

定価1365円

定価は税込み(5%)です。定価は変更することがあります。